LE NOUVEAU

PARNASSE SATYRIQUE

LE NOUVEAU
PARNASSE
SATYRIQUE
DU DIX-NEUVIÈME SIÈCLE

SUIVI D'UN

APPENDICE AU PARNASSE SATYRIQUE

ÉLEUTHÉROPOLIS

AUX DEVANTURES DES LIBRAIRES

AILLEURS

DANS LEURS ARRIÈRE-BOUTIQUES

—

M.DCCCLXVI

L'EDITEUR DU RECUEIL

AUX POETES DE SA CONNAISSANCE

Si vous m'accusez, je vous excuse ; — si vous me défendez, je vous récuse.

AUX POETES

QU'IL N'A PAS LE PLAISIR DE CONNAITRE

Mieux vaut commencer par être désagréable aux gens, — autrement, on court trop le risque de se tromper.

AU LECTEUR

Tu te rappelles, lecteur bénévole, que Cham devint le premier nègre, pour avoir montré, nu, son père Noé, un jour que ce patriarche s'était couché inconsidérément dans les Vignes du Seigneur. La couleur dont se teignit ce fils irrespectueux symbolisa la noirceur de son âme.

Les messieurs auxquels j'ai ici tiré leur manteau, ne sont, il est vrai, que mes *frères* ; mais est-il possible que j'aie eu l'idée de les faire voir dans des postures équivoques sans être un esprit pervers ?

Je n'oserais dire non; et toi, lecteur, tu peux et tu dois dire **oui**, surtout si ce livre réveille ta conscience, cette marmotte en toutes saisons.

Alors, élève tes prières au ciel, afin qu'il me châtie de la façon dont Cham le fut.

Supposons qu'elles soient exaucées, et je te jure qu'il ne tiendra pas à moi que tu voies paraître, en 1867, une nouvelle race d'hommes : *les Zébrés*.

Ce serait la récompense de ta vertu jaculatoire.

LE NOUVEAU
PARNASSE SATYRIQUE

LA BELLE MAIN
Air : Je vous prêterai mon manchon.

C'est le fils au papa Gingembre,
Qu'est un gaillard des plus adroits ;
Depuis janvier jusqu'à décembre,
Il fait bon usage d'ses doigts.
Matin et soir, pour vous rendre service,
Sa p'tit' plume est toujours en exercice.

Aussi, comme il vous fait tricoter ça! Et ses doigts donc, c'est eux qu'il faut voir! Quelle adresse! quelle vivacité! Rien que de les voir brandouiller, ça vous cause un plaisir, une jouissance!...

Il fait ceci, et puis ceci, et puis cela.
Dieu! quell' bell' main il a,
C'petit gueux-là!
Dieu! quell' bell' main il a!

Ma filleule, la p'tite Hortense,
Ayant à s'plaindre d'son Lucas,
Voulut, en manière d'vengeance,
D'mander un bout d'lettre à Thomas.
Afin d'savoir c'qui d'Lucas la détourne,
De tous côtés, il la tourne et retourne.

Elle ne voulait pas lui dire d'abord que son mari

l'avait laissé jeûner pendant huit grands jours; mais, lui, qu'est malin, s'douta d'quéqu'chose comme ça, et quand il eut mis la main sur l'objet dont il était question, il arrangea si bien les affaires, que, depuis ce temps-là, la petite Hortense ne se plaint plus du tout. Et pourquoi ne se plaint-elle plus? C'est que

Il lui fit ceci, etc.

> La fille à la mèr' Dubocage,
> Deux jours avant son union,
> Vint, r'lativ'ment à son mariage,
> Lui d'mander une instruction.
> Tout aussitôt, v'là sa verv' qui s'allume,
> Et sous ses doigts dès qu'il sentit la plume...

Y s'donna un mouvement désordonné pour lui faire connaître une infinité de choses qu'il fallait absolument qu'elle connût, car, enfin, on est bien aise de savoir ce que c'est que le mariage avant d'en tâter, et cette polissonne de Lise en voulait savoir si long, mais si long, ah!

Il lui fit ceci, etc.

> S'ennuyant de n'êtr' que servante,
> Jeann'ton, pour calmer son ennui,
> Voulut qu'il la rendît savante;
> Et d'puis qu'elle a passé sous lui,
> Ell' jou' des doigts avec un' telle adresse.
> Qu'elle est à mêm' d'instruir' tout'notr' jeunesse.

Comme cette pauvre Jeanneton a les yeux dépareillés, et la taille un peu de travers, c'était jadis à qui ne la r'garderait pas; mais depuis qu'on sait qu'elle est à même d'apprendre aux garçons la manière de trousser un compliment aux jeunes filles, c'est à qui se portera dessus; et cela ne m'étonne pas, car cet enragé de Thomas y en a montré si gros, mais si gros!...

Il lui fit ceci, etc.

  Y a pas jusqu'à ma tant' Victoire
  Qui voulut tâter d'son talent.
  Ell' lui fit connaîtr' son histoire;
  Il s'en chargea pour de l'argent.
Il sut trouver l'moyen d'la satisfaire :
En un clin d'œil, il remplit son affaire.

Enfin, comme elle était contente, c'te chère femme, elle qui, depuis dix ans, traînait son objet de porte en porte, sans trouver un voisin qui voulût tout seulement y mettre le doigt d'sus! Eh bien! ce vaurien de Thomas, je n'sais comment il s'y prit, mais il lui fit un plaisir, un plaisir! que c'te pauvre bonne femme n'en pouvait plus parler, quoi!

Il lui fit ceci, etc.

  Un jour, une certain' duchesse,
  Ayant visité nos endroits,
  Le petit vaurien eut l'adresse
  De lui montrer l'talent d'ses doigts,
Ayant, fin'ment, par un brin d'contrebande,
Trouvé l'moyen d'lui mettre en main sa d'mande.

Il lui coula en douceur une infinité de choses tellement palpables et touchantes, que c'te pauvre duchesse, qui se trouvait toute je ne sais comment, n'eut plus la force de lui rien refuser, et que, pour être à même de l'avoir sous la main quand le besoin la presserait, elle décida qu'à l'avenir ce serait lui qui aurait l'honneur de la monter... en voiture. Dame! c'est que je suis bien certaine aussi que...

Il lui fit ceci, etc.

> Le v'là lancé dans le grand monde,
> Et je suis sûr' qu'il ira loin,
> Car la brune ainsi que la blonde
> D'ses p'tits talents auront besoin.
> C'est immanquable avec un' tell' science;
> Fill's, femm's ou veuv's, tout est d'sa compétence!

Toutes ces petites filles que leurs parents ne veulent pas marier et qui prennent sur elles d'avoir un amant; toutes ces pauvres veuves qui éprouvent un vide.... de cœur, depuis que leurs hommes ne sont plus; toutes ces belles dames qui sont forcées de jeûner pendant qu'leurs maris sont en voyage; sans compter celles qui sont obligées de se brosser le ventre parce que leurs messieurs portent en ville, tout ça a ses affaires, ses besoins, et lui, ce coquin de Thomas, je ne sais pas comment il fait son compte: il est toujours prêt, toujours prêt!

Il leur fait ceci, et puis ceci, et puis cela.

> Dieu ! quell' bell' main il a,

Ce p'tit gueux-là !
Dieu ! qu'ell' bell' main il a !

EM. DEBRAUX.

CONSEILS A UN AMI

Ecoute-moi, si pour une cruelle,
Le dieu d'amour de ses traits t'aveugla,
Sur le gazon fais reposer ta belle,
Et par tes pleurs, mon cher, ébranle-la,
  Ebranle-la (*bis*).

Rappelle-toi le noble fils d'Alcmène,
Nouveau Samson près de sa Dalila;
Amant d'Omphale, aux pieds de cette belle,
Il prit du lin, et puis il en fila,
  Il en fila.

Quand tu verras sa paupière mi-close
Trahir l'amour que ta main redoubla,
L'épine encor te défendra la rose,
Mais ne crains rien de cette épine là,
  Epine là.

Je vois déjà sa main qui te caresse,
Heureux mortel ! ah ! quand tu seras là,
D'aimer toujours s'il lui faut la promesse,
Fais-la, mon cher, et surtout remplis-la,
  Et remplis-la !

ID.

MA BOUTIQUE

Air : *N'allez pas dans la forêt noire.*

Un gaillard fortement barbu,
    Bâtard de la Champagne,
Grimpé sur un mulet fourbu,
    Parcourait la campagne.
A'chaqu' pisseus' (*bis*) qu'il rencontrait,
Le petit bandit répétait :
—Dans ma boutiqu' vous trouverez
    Tout c'qui peut plaire aux femmes :
        Accourez,
        Accourez,
        Accourez,
        Mesdames !

Quittez l'autre côté du ch'min,
    Belles au teint de rose;
Daignez allonger votre main,
    J'y mettrai quelque chose.
Faites pour moi (*bis*) ce p'tit écart,
Vous n'vous en r'pentirez pas, car
Dans ma boutique, etc.

J'ai des bijoux artificiels,
    D'une forte structure,
Qui, dans les cœurs superficiels,
    Remplacent la nature ;
Et si l'article (*bis*) vous conv'nait,
Venez, j'remplirai... votre objet.
Dans ma boutique, etc.

O vous, dont la pâle couleur
    Trahit l'ardente flamme,
A mon aspect, que la douleur
    Décampe de votre âme :
J'ai certaine eau (*bis*) qui dès l'matin
Pourra vous rafraîchir le teint.
Dans ma boutique, etc.

Et vous qui, de peur d'accident,
    Vivez comme des saintes,
Voulez-vous un ami prudent
    Qui ménage vos craintes ?
Vite, ouvrez-moi (*bis*) vos... sentiments :
Je sais me retirer à temps.
Dans ma boutique, etc.

Vous qui, pour charmer vos ennuis,
    Vous servez d'une aiguille,
Venez, je fournis des étuis
    Qui vont à chaque fille :
Ceux qui sont p'tits (*bis*) pour leurs fourreaux,
Peuv'nt êtr' changés contr' de plus gros.
Dans ma boutique, etc.

De tous ces objets, admirez
    La couleur rose et vive ;
Les prix en sont très-modérés,
    Et comm' faut qu'tout l'mond' vive,
J'veux vous r'passer (*bis*) au prix coûtant
Et la marchandise et l'marchand.
Dans ma boutiqu' vous trouverez

Tout c'qui peut plaire aux femmes:
Accourez,
Accourez,
Accourez,
Mesdames!

ID.

LE CURÉ DE SAINT PIERRE

Air de la Madeleine.

Vous qui décriez le Saint-Siége,
Apôtres de la vérité,
Brisez d'une main sacrilége
L'étendard de la chrétienté,
Suivez les traces de Voltaire,
Que les païens osent déifier ;
Moi, je prétends, pour vous édifier,
Chanter le cu,
Chanter le cu,
Le curé de Saint-Pierre.

Parfois, d'une flamme illicite
Satan ose le pénétrer;
Mais quelques gouttes d'eau bénite
En lui-même le font rentrer.
Après cet accès de colère,
Encor pourpré des plus vives couleurs,
Le repentir lui fait verser des pleurs :
Honneur au cu,
Honneur au cu,
Au curé de Saint-Pierre.

Quelquefois, l'orgueil le transporte!
Dans un temple l'a-t-on admis,
L'ingrat alors laisse à la porte
Ses deux plus fidèles amis.
Mais, voyant sa calotte altière
Se déplacer souvent en leur honneur,
Toutes les femmes, pour leur directeur,
   Ont pris le cu,
   Ont pris le cu,
  Le curé de Saint-Pierre.

Veut-il dans chrétienne rebelle
Faire entrer... la componction,
Jusqu'au fond du... cœur de la belle,
Il pousse la... conviction.
Alors elle quitte la terre,
Son œil mourant voit le bonheur des dieux !
Ah ! pour donner un avant-goût des cieux,
   Vive le cu,
   Vive le cu,
  Le curé de Saint-Pierre.

Pleurons sur la faiblesse humaine !
Le saint, oubliant la raison,
Des fautes d'une Américaine
Partage le fatal poison.
Hélas ! cette erreur passagère
Vient d'effacer tout le bien qu'il a fait,
Et du poison l'inévitable effet
   Gâte le cu,
   Gâte le cu,
  Le curé de Saint-Pierre.

Dieu, loin de calmer la tempête,
Est sans pitié pour sa douleur,
Et l'infortuné voit sa tête
Périr sous les traits du malheur.
Bientôt, pour comble de misère,
Nous avons vu le fer ouvrir son sein,
Et sous les coups d'un collége assassin
  Tomber le cu,
  Tomber le cu,
 Le curé de Saint-Pierre.

Pleurant sur ces froides reliques,
La beauté maudit les trois dieux,
Et de ses chants mélancoliques
Le bruit pénétra jusqu'aux cieux.
Alors, honteux de sa colère,
Le Tout-Puissant, abjurant ses desseins,
Entre la Vierge et le plus beau des saints
  Plaça le cu,
  Plaça le cu,
 Le curé de Saint-Pierre.

ID.

LA GRISETTE (1)

Air : *Ça pass' comm' un' lettre à la poste.*

Je m'éveille. Où suis-je couché ?

(1) L'éditeur du *Parnasse satyrique du XIXᵉ siècle*, qui a réimprimé, à juste titre, les *Lorettes* de Nadaud, a négligé de faire une part dans son recueil, ne fût-ce que pour le contraste, à la grisette insouciante et bonne fille, ce type de la gratuité amoureuse, dont la dernière expression est la Mimi Pinson, d'Alfred de Musset. — Se reporter dans ce volume aux noms Hachin, Chanu et F. Decourcy.

Ce n'est pas mon lit ordinaire ;
Mais, pour en paraître fâché,
J'ai l'âme par trop débonnaire :
Je suis près d'un minois joli...
Mais, je te reconnais, brunette,
Hier, pour échauffer ma musette,
Sans façon, tu m'offris ton lit.
Dieu ! que c'est gentil, la grisette !

Jusqu'à mon cœur sentant jaillir
De champagne une forte dose,
Je t'ai dit : — Je voudrais cueillir
Une des feuilles de ta rose.
J'en ai cueilli trois, ma Ninon ;
Maintenant que la chose est faite,
Faisons connaissance complète :
Je ne sais pas même ton nom.
Dieu ! que c'est gentil, la grisette !

Ton nom, c'est Lucrèce, dis-tu,
Et tu travailles dans les modes :
Je m'en doutais, car la vertu
Est parmi vous des plus commodes.
A la chaleur de nos amours,
Me voilà sûr, ma bergerette,
De ta fidélité parfaite...
Ça pourra bien aller huit jours.
Dieu ! que c'est gentil, la grisette !

Vainement, d'un ton séducteur,
De plaisirs tu te dis avide :
Moi, je suis gueux comme un auteur ;

Le coin de ton mouchoir est vide ;
Mais, comme il serait peu galant
Que la noce, dis-tu, poulette,
Finît sans un coup de fourchette,
Tu veux mettre ton châle en plan.
Dieu ! que c'est gentil, la grisette !

Toi qui possèdes plus d'appas
Que vingt marquises à panaches,
A tes amants tu ne vends pas
Les trésors que ton fichu cache.
Avec de tes sœurs j'ai vécu,
Je sais le prix de ta couchette ;
J'en serai quitte pour l'emplette
D'un anneau d'un petit écu.
Dieu ! que c'est gentil, la grisette !

Si tant d'amour dure, bientôt
Nous aurons changé, je parie,
Et ta pelisse et mon manteau,
En cachets du bal d'Idalie ;
Puis enfin nous regagnerons,
Toi, ton magasin de toilette,
Moi, mon entresol de poëte,
Quand nous aurons croqué nos fonds.
Dieu ! que c'est gentil, la grisette !

C'est égal, dans ton œil vainqueur,
La volupté brille et respire ;
Tes petites lèvres en cœur
Font naître incendie et délire.

Près d'une belle sans désirs,
Parfois la nature est muette,
Tandis qu'avec toi, ma brunette,
On meurt, on remeurt de plaisir !
Dieu ! que c'est gentil, la grisette !

Id.

L'ENFER

Air : *Vive le vin de Ramponneau!*

Vive l'enfer où nous irons !
Venez, filles
Gentilles,
Nous chanterons,
Boirons, rirons,
Et, toujours lurons,
Nous serons
Ronds !

Là les Ninons, les Manons
Dont nous nous abstenons,
Recevront nos poursuites ;
Sans nous cacher, sans tricher,
Nous pourrons tous pécher,
En nous moquant des suites.
Vive l'enfer, etc.

Là les auteurs, les acteurs,
Les chanteurs, amateurs
Et piliers de coulisses,
De feux nouveaux, tous rivaux,

>   Vont, doublant leurs travaux,
>   Griller pour nos actrices,
> Vive l'enfer, etc.

>   Moins qu'à Paris, les maris,
>   D'être joués marris,
>   Dans l'enfer seront mornes :
>   Comment, tout nus, les cocus
>   Seraient-ils reconnus ?
>   Les diables ont des cornes !
> Vive l'enfer, etc.

>   Le paradis, je le dis,
>   Ne sera qu'un taudis
>   Près de nos lieux profanes :
>   Esprits brillants, beaux talents,
>   Vous serez nos chalands ;
>   Le ciel est pour les ânes !
> Vive l'enfer, etc.

>   Par des ballets, des couplets,
>   Nous enchanterons les
>   Phalanges infernales.
>   Procession, station,
>   Nous plairaient, dans Sion,
>   Moins que nos bacchanales.
> Vive l'enfer, etc.

>   Tout l'Opéra y sera,
>   Chantera, dansera ;
>   Chacun jouera son rôle.

Avec Adam et Satan,
　　Paul et le Grand Sultan
　　Feront la cabriole.
Vive l'enfer, etc.

　　Pellegrini, Spontini,
　　　Galli, Catalani,
　　　Chantant la même gamme,
Au brûlant nid, noms en i,
　　Pour votre art infini,
　　Nous serons tous de flamme.
Vive l'enfer, etc.

　　Vos divins airs, vos concerts
　　　Rempliront les enfers
　　　De douces harmonies ;
Tandis qu'au ciel, Gabriel
　　Fait bâiller l'Eternel
　　Avec ses litanies.
Vive l'enfer, etc.

　　Les saints là-haut, sans réchaud,
　　　Ne mangent jamais chaud :
　　　Voyez leurs tristes mines,
Plus fortunés, les damnés
　　Mettront, pour leurs dînés,
　　Tout l'enfer en cuisine !
Vive l'enfer, etc.

　　Jamais aigris ni maigris,
　　　Nous boirons, toujours gris,
　　　A la santé des braves ;

Laissant prier, s'ennuyer
 Les saints dans leur grenier,
 Nous rirons dans nos caves.
Vive l'enfer, etc.

Sans médecins, toujours sains,
 Narguant des assassins
 Les noires ribambelles ;
Pleins de gaîté, de santé,
 A notre éternité,
 Nous trouverons des ailes.

Vive l'enfer, où nous irons !
 Venez, filles
 Gentilles :
 Nous chanterons,
 Boirons, rirons,
 Et, toujours lurons,
 Nous serons
 Ronds !

E. DE PRADEL (1823).

LES POLISSONS (1)

Air : *Ce qu'on éprouve en vous voyant.*

Relevant ses cheveux épars,

(1) Le *polisson* était un bourrelet, en forme de croissant, que les dames s'attachaient au-dessus des hanches pour étoffer la croupe et en rendre l'oscillation plus sensible. La pudibonderie du régime constitutionnel bourgeois fit changer le mot de *polisson* en celui de *tournure.* Les provinces, indignées mais corrompues, usaient de cet engin de coquetterie en l'appelant *un cu de Paris.*

Qu'un poëte monte sa lyre ;
Dans la noble ardeur qui l'inspire,
Qu'il chante les enfants de Mars,
La vertu, l'amour, les beaux-arts.
Rarement un sujet modeste,
De sa voix empruntant les sons,
Dicte un refrain à ses chansons ;
Moi, dont la muse est un peu leste,
Je vais chanter les *polissons*.

A ce seul mot, voyez surgir
Un bruyant essaim d'hypocrites,
Condamnant mes rimes proscrites
Dans des termes qui font rougir,
Car, telle est leur façon d'agir.
Si j'ai blessé ces bonnes âmes,
J'ai, prévenant de noirs soupçons,
Du beau sexe pris des leçons...
Ne savons-nous pas que nos dames
Ont adopté les *polissons* ?

Ces polissons, qui, sur leurs pas,
Attachés, voltigent sans cesse,
Prodiguant plus d'une caresse
Que l'œil indiscret ne voit pas,
Relèvent encor leurs appas.
Ciel ! j'ai trahi, mesdemoiselles,
Un secret, nous en frémissons,
Que la pudeur voile aux garçons ;
Car, c'est sans témoin que les belles
Mettent toujours leurs *polissons*.

2.

Sous leurs plis l'Amour retiré,
Des zéphirs soutient mieux la lutte ;
Souvent, d'une amoureuse chute,
Ils font un mystère sacré,
Où nul regard n'a pénétré.
De l'heureux sujet qui m'attire
L'usage trouble ma raison,
Et, saisi d'un brûlant frisson,
Vainement je voudrais vous dire
Tout ce que cache un *polisson*.

Qui ne voudrait, jeunes Vénus,
Vivant dans un tissu flexible,
Quoique ignoré, toujours sensible,
Presser vos charmes demi-nus,
Goûter des transports inconnus !
Ou du Grand Turc, ne vous déplaise,
Suivant la commode leçon,
Pour obtenir tendre rançon,
A plus d'une aimable Française,
Faire accepter un *polisson !*

ID. (1827).

JAVOTTE

Air : Maman, le mal que j'ai.

Je commence à bien pénétrer
Tous les secrets de ma voisine ;
Quand chez elle je vois entrer
Certains fripons, à la sourdine,

Je dis, d'un ton grivois :
Allons, Javotte,
Frippe ta cotte,
Je dis, d'un ton grivois,
Frippe ta cotte encore un' fois.

Epions encore avec soin
Les mystères de sa chambrette.
Bon ! j'y vois l'épicier du coin ;
Il chiffonne sa collerette :
Il en paiera l'empois.
Allons, Javotte, etc.

Il sort ; un autre ! c'est trop fort !
C'est le vieux cordonnier Grégoire.
Ils vont tous deux tomber d'accord
Pour l'argent d'un certain mémoire.
Quoiqu'il sente la poix !
Allons, Javotte, etc.

Ce vieux bijoutier colporteur,
Digne sectateur de Moïse,
A ses yeux, pour charmer son cœur,
Vient étaler sa marchandise :
Il offre tout au choix !
Allons, Javotte, etc.

Comme il a bien choisi son jour,
Ce petit clerc de la basoche !
Avant de peindre son amour,
Il frappe gaîment sur sa poche :

C'est le premier du mois !
Allons, Javotte, etc.

Ce monsieur, souvent rebuté,
Enfin pénètre dans sa chambre ;
Toujours éconduit en été,
On ne l'y reçoit qu'en décembre :
C'est un marchand de bois !
Allons, Javotte, etc.

Un quidam qu'elle sut gruger,
Donne l'éveil au commissaire ;
Ce magistrat vient pour juger
S'il doit donner suite à l'affaire.
Pour adoucir les lois,
Allons, Javotte,
Frippe ta cotte ;
Je dis, d'un ton grivois !
Frippe ta cotte encore un' fois.

EDOUARD HACHIN (1834).

MA LISON, MA LISETTE

Air : *C'est ma gaîté* (de Favart).

C'est ma Lison, ma Lisette,
Ma grisette,
C'est ma Lison
Que j'adore avec raison.

S'il fut jamais tendron
A l'humeur guillerette,

Au minois frais et rond,
Vrai gibier de luron.
C'est ma Lison, etc.

Qui n'ayant, pour tout bien,
Que sa mine drôlette,
Aux baisers d'un vaurien
Vient la livrer pour rien?
C'est ma Lison, etc.

Sur le pavé glissant,
Trottinant, légèrete,
Qui rend de tout passant
Le regard caressant?
C'est ma Lison, etc.

Au pauvre, en son chemin,
Qui donne à l'aveuglette,
Sans songer que demain
Elle sera sans pain?
C'est ma Lison, etc.

Qui mange, sans compter,
L'argent que je lui prête;
Mais, qui, pour m'en prêter,
Vingt fois sut emprunter?
C'est ma Lison, etc.

Qui jadis me trompa,
Sans paraître coquette;
Puis pour moi qui dupa
Celui qui m'attrapa?
C'est ma Lison, etc.

Par de tendres leçons,
Qui donne à ma musette
Quelques traits polissons
Dont je fais des chansons ?
C'est ma Lison, etc.

Dimanches et lundis,
Fatiguant ma couchette,
Qui fait un paradis
De mon pauvre taudis ?
C'est ma Lison, etc.

Lorsque de moins jouir
La prudence projette,
Entre elle et l'avenir
Qui jette le plaisir ?
C'est ma Lison, ma Lisette,
Ma grisette,
C'est ma Lison,
Que j'adore avec raison.

ID. (1834).

LE GOUT DE LISON

Air : *Non, non, non, vous n'êtes plus Lisette.*

C'est en vain que Mondor
Convoite ma Lisette,
Et veut, à force d'or,
Corrompre la fillette ;
Et zon, zon, zon,

Rester toujours grisette,
    Et zon, zon, zon,
C'est le goût de Lison.

Il offre un édredon,
Mais Lisette le raille ;
Sur ce lit, Cupidon
Enfonce, dort et bâille.
    Et zon, zon, zon,
Rebondir sur la paille,
    Et zon, etc.

Jamais riches atours
N'ont surpris sa tendresse ;
Elle change d'amour
Pour en doubler l'ivresse !
    Et zon, zon, zon,
Caresse pour caresse,
    Et zon, etc.

Devant un beau miroir
Que lui fait qu'on l'habille !
Car lorsqu'elle veut voir
Ses traits de jeune fille,
    Et zon, zon, zon,
Deux yeux où l'amour brille,
    Et zon, etc.

D'un palais argenté
Dédaigner l'atmosphère ;
Au feu de la gaîté

Réchauffer sa misère
 Et zon, zon, zon,
La couronne de lierre,
 Et zon, etc.

Ceignant, du haut d'un char,
Le rubis ou l'opale,
Elle eût, de toute part,
Insulté la morale;
 Et zon, zon, zon,
La tricher sans scandale,
 Et zon, etc.

Sur un ton sémillant,
Parfois il la provoque;
D'un langage brillant
La friponne se moque;
 Et zon, zon, zon,
La badine équivoque,
 Et zon, etc.

Si d'un air vaporeux
Le grand monde raffole,
Pour son cœur amoureux,
Fi d'une barcarolle!
 Et zon, zon, zon,
Chanter la gaudriole,
 Et zon, etc.

Dans nos bals du bon ton,
Sylphides ravissantes,

Vous repoussez, dit-on,
Les coupes enivrantes ;
　Et zon, zon, zon,
Imiter les bacchantes,
　Et zon, etc.

« Biens, faveurs, parchemin,
Je t'offre tout, cruelle !
Lui dit-il, de l'Hymen
Accepte la tutelle. »
　Et zon, zon, zon,
« Vivre libre ! dit-elle,
　Et zon, zon, zon,
C'est le goût de Lison. »

EDOUARD HACHIN ET CHANU.

IL FAUT SOUFFRIR POUR LE PLAISIR

Air : *La, ré, la, sol, la, mi, la.*

Il n'est pas de plaisir sans peine,
Nous dit une vieille chanson ;
Cette morale est pure et saine,
Et je l'adopte sans façon ;
Moi qui, souvent d'humeur légère,
Ai changé mon goût, mon désir,
Pour bien jouir sur cette terre,
J'ai vu, n'importe la manière,
Qu'il faut souffrir pour le plaisir.

Vous avez remarqué, sans doute,
Que le premier jour de l'hymen,

Quand du logis on prend la route,
Jeune épouse pleure soudain ;
Mais la maman, prudente et sage,
Lui dit, au moment de partir :
« En tout faut un apprentissage ;
Allons, ma fille, du courage!
Il faut souffrir pour le plaisir. »

Lise possédait une rose,
Et Lise n'avait que quinze ans ;
Pour la cueillir, à peine éclose,
Le désir enflamma mes sens ;
Je la cueillis, je vous l'assure,
Car l'épine se fit sentir
Par un mal que depuis j'endure ;
Je dis, en pansant ma blessure :
Il faut souffrir pour le plaisir.

Un damoiseau, qu'amour transporte,
Profanait un lit conjugal ;
Le mari vient, frappe à la porte ;
Pour lui quel contre-temps fatal !
« De ces lieux comment disparaître ?
La belle, hélas! par où sortir ? »
— Vous pouvez vous blesser peut-être,
Mais je ne vois que la fenêtre :
Il faut souffrir pour le plaisir. »

Epoux, dans les bras de vos dames,
Combien vos moments sont heureux !
De l'amour attisant les flammes

Vous goûtez le plaisir des dieux.
Mais pour prix de tous ces délices,
Souvent il vous faut obéir
A beaucoup de petits caprices ;
Ne criez pas : Oh ! l'injustice !
Il faut souffrir pour le plaisir.

Sur mes genoux j'avais ma femme ;
Au milieu d'un doux entretien,
Certain désir glisse en mon âme,
Et je veux... vous m'entendez bien.
« Un homme, pour devenir père,
N'a, dit-elle, aucun déplaisir ;
Mais tu seras sage, j'espère,
Car tu sais, quand on devient mère,
Il faut souffrir pour le plaisir. »

CHANU.

LES REGRETS

Air : N'y a qu'à Paris !

Un marchand, dans son comptoir,
Lassé d'attendre la pratique,
Disait, d'un air pénible à voir,
Regardant sa vieille boutique :
Quel malheur est pareil au mien !
  Je n'fous plus rien,
  Je n'fous plus rien,
  Je n'fous plus rien,
  Je n'fous plus rien !

Ah ! je le vois, il faut cesser,
Tout va chez moi de mal en pire ;
Je vois mes affaires baisser,
Et par force je me retire.
Moi qui jadis faisais si bien,
  Je n'fous plus rien, etc.

Quand je travaillais dans les draps,
C'est là que je faisais merveilles ;
Mais à mon âge on ne peut pas
Retrouver des chances pareilles ;
Je me donne du mal en vain :
  Je n'fous plus rien, etc.

Toujours le guignon me poursuit,
Je ne puis rien faire qui vaille ;
Maintenant que chacun me fuit
Tout seul il faut que je travaille ;
Je m'émeus et m'agite en vain :
  Je n'fous plus rien, etc.

Autrefois, près de la beauté,
Je faisais chanson joliette ;
Par moi son esprit enchanté
Souvent m'assurait sa conquête ;
Mais je veux gazouiller en vain :
  Je n'fous plus rien, etc.

Au bal je me faisais citer
Pour le danseur le plus habile ;
Que de tendrons j'ai fait sauter !
Mais je n'ai plus la jambe agile.

J'ai beau me trémousser en vain :
    Je n'fous plus rien, etc.

J'ai, pour oublier mon malheur,
Recours à la philosophie,
Et je réponds à maint railleur :
Rien n'est durable en cette vie ;
C'est mon tour, demain c'est le tien
    A n'foutr' plus rien, etc.

GARIEN.

LA FILLE INTERESSEE

Air : *La seul' prom'nade*.

Non, je n'veux pas prendre un mari,
S'il n'a pas quéqu' chos' devant lui.

Peu m'importe qu'il soit volage,
Ivrogn', joueur, grondeur ou faux,
Pourvu qu'il m'apporte en ménage
D'quoi faire oublier ses défauts ;
J'passe aisément sur l'caractère,
C'qu'il possèd' seul peut m'fair' plaisir ;
Je n'tiens qu'à ça, car sur la terre,
Faut avoir quéqu' chose pour jouir.
Non je n'veux pas, etc.

A mes règl's si n'veut pas s'soumettre,
Comme un enfant je fil'rai doux ;
J'sais que j'pourrais l'mener en maître,
Mais les femm's doiv'nt avoir le d'ssous.

S'il est dur, loin que j'l'indispose,
L'amollir deviendra ma loi ;
Si j'vois qu'en l'air y ait quéqu' chose,
J'f'rai la paix, je l'prendrai sur moi.
Non je n'veux pas, etc.

Pierre épousa ma sœur Hortense,
Il se vantait d'avoir beaucoup ;
La p'tit' comptait sur quéqu' avance,
Tandis qu'il n'en a pas du tout.
Aussi, depuis qu'l'hymen l'enchaîne,
Pour satisfaire à ses besoins,
Elle est obligé' chaqu' semaine
D'emprunter quéqu'chose aux voisins.
Non, je n'veux pas, etc.

Pour éviter pareill' disgrâce,
Quand un épouseur me viendra,
S'il a quéqu' chos', faut qui me l'passe
Tout aussitôt dedans l'contrat.
Par de fauss's promess's abusée,
Plus d'un' fill' jeûne après l'serment ;
Mais moi, qui suis mieux avisée,
J'veux voir ses pièc's auparavant.
Non, je n'veux pas, etc.

J'n'exig' pas trop pour qu'on me plaise :
Un bon milieu peut m'contenter ;
J'veux pas qu'il soit trop à son aise,
J'veux pas non plus par trop l'gêner.
De son bonheur j'promets d'êtr' cause ;

S'il entre dans mon... sentiment,
Nous finirons par fair' quéqu' chose
En nous donnant un peu d'mouv'ment.

Non je n'veux pas prendre un mari,
S'il n'a pas quéqu' chos' devant lui.

Id.

EPITHALAME

Air : *Où allez-vous, monsieur l'abbé.*

Vous l'emportez sur vos rivaux ;
Pour former des liens si beaux,
 Vous sûtes à Climène...
  — Eh bien ?
 Insinuer sans peine...
  Vous m'entendez bien.

Insinuer !... ce joli mot
Que l'Amour, qui n'est pas un sot,
 Fait toujours bien comprendre.
  — Eh bien ?
 Quand il tâche de prendre...
  Vous m'entendez bien.

Tâche de prendre, ainsi que vous,
Les attributs d'un tendre époux :
 Dans peu de jours, peut-être...
  — Eh bien ?
 Vous aurez l'honneur d'être...
  Vous m'entendez bien.

L'honneur d'être le Ménélas
D'une Hélène aux friands appas.
    En mari débonnaire...
        — Eh bien?
    Vous porterez, j'espère...
    Vous m'entendez bien.

Vous porterez au fond du cœur
Flamme constante et vive ardeur
    Pour l'épouse si chère...
        — Eh bien?
    Qui saura bien vous faire...
    Vous m'entendez bien.

Vous faire entrer au paradis
Que l'hymen réserve aux maris
    Le jour du mariage...
        — Eh bien?
    Vous n'aurez pas, je gage...
    Vous m'entendez bien.

Vous n'aurez pas l'air compassé
D'un amant timide et glacé ;
    Mais, à votre maîtresse...
        — Eh bien?
    Vous montrerez sans cesse...
    Vous m'entendez bien.

Vous montrerez jusqu'où s'étend
L'ampleur de votre sentiment ;
    Mais, plus raide qu'un terme...

— Eh bien ?
Sachez vous montrez ferme...
Vous m'entendez bien.

Soyez ferme, ne pliez plus,
Conservez toujours le dessus,
Evitez la paresse...
— Eh bien ?
Et surtout la mollesse...
Vous m'entendez bien.

DOMIER.

LA COURTIERE

Air du Boulevard du Temple.

L'commerce est vraiment l'seul moyen
De s'faire un sort quand on n'a rien ;
Aussi des pauvres fill's sans bien,
C'est lui qu'est la r'ssource et l'soutien.

D'jour en jour j'avançais en âge,
Y n'se présentait pas d'mari ;
Mes meilleur's nipp's étaient en gage,
J'dis : Faut pourtant prendre un parti.
J'lâch' tout d'suit' l'état d'couturière,
J'prends un log'ment dans l'beau quartier,
Puis, dès l'mêm' soir j'me mets courtière :
V'là c'qui s'appelle un bon métier !
L'commerce, etc.

J'trouv' d'abord plus d'une anicroche :
L'commenc'ment est toujours comm' ça.

Mais, sans m'décourager, j'accroche
Tout c'qui s'présent' par-ci par-là.
Comme l'courtage n'allait guère,
Pour n'avoir rien à me r'procher,
N'venait-il qu'un' petit' affaire,
J'tâchais tout d'même d'l'emmancher.
L'commerce, etc.

Puis, v'là qu'une autr' chos' m'embarrasse :
C'est de trouver un protecteur ;
Car, pour travailler sur la place,
Faut avoir un bon endosseur.
Un jour, jugez si j'fus contente,
Un monsieur r'tira galamment
Tout c'qu'était en plan chez ma tante,
Puis s'paya par tempérament.
L'commerce, etc.

D'craint's, pourtant, mes joies sont mêlées ;
Heureus' tant qu'la hauss' se soutient,
Quoiqu' mes affair's soient bien réglées,
Adieu l'courtag' quand la baiss' vient !
Dans c'cas-là, faut fair' plus d'avances ;
A force d'soins, d'pein's et d'efforts,
On peut trouver d'assez bonn's chances,
Mais il faut avoir les reins forts.
L'commerce, etc.

Aujourd'hui même un' grande affaire
M'gêne encor, quoique j'sois en fond :
Une' fill' qui nouvell'ment opère,
N'peut pas r'cevoir d'effet trop long.

Pour se ménager un' ressource,
Faut pas trop s'mettre à découvert ;
Gnia qu'pour les affaires de bourse
Qu'mon crédit toujours est ouvert.
L'commerce, etc.

Mais enfin, v'là que j'suis connue,
Aussi j'ne r'çois que d'bons billets ;
Pour fair' payer les miens à vue
Gnia pas besoin d'fair' de protêts.
Dieu merci! tout va comme un ange ;
Aux gros commerçants j'fais la loi ;
Pas un banquier, un agent d'change,
Un négociant qui n'tir' sur moi.

L'commerce est vraiment l'seul moyen
De s'faire un sort quand on n'a rien ;
Aussi des pauvres fill's sans bien,
C'est lui qu'est la r'ssource et l'soutien.

Marcillac.

LE LUMERON (1)

Air : *Ça n'se peut pas.*

En dépit qu'un censeur me glose,
J'veux réaliser mon projet,
Et puisqu'il faut chanter quéq'chose,
Il importe peu le sujet.
Le mien est un sujet bien drôle,

---

(1) Espèce de bougeoir en usage dans les campagnes.

Tirant sur l'ovale et sur l'rond,
Qui sembl' fait pour la gaudriole :
   C'est un lum'ron (*bis*).

La mort, dont rien n'est à l'épreuve,
Nous enlève un objet chéri ;
Voyez alors la triste veuve
Qui vient de perdre son mari :
Près du défunt son feu s'consume,
Des pleurs inondent son giron,
Mais ell' sourit quand on r'allume
   Son p'tit lum'ron.

Pour qu'une fille soit contente,
Y faut, quand elle emploi' c'bijou,
Qu'un' bonn' gross' mêch' bouch' bien la fente,
Pour que l'huil' n'se sauv' pas du trou ;
Il faut qu'l'Amour, avec une flèche,
Afin qu'ça brûl' comme du goudron,
En trois coups, redresse la mèche
   De son lum'ron.

A la ville comme au village,
Le jour qu'on unit des époux,
Si la fille a son pucelage,
De l'amour elle craint les coups.
Quand l'une souffre sous la tuile,
L'autre soulage son tendron
En trempant son outil dans l'huile
   De son lum'ron.

On sait que le jour de la noce
Pour les époux est le plus beau,
Et l'mari qui n'veut pas qu'on l'gausse,
De l'Amour fait briller l'flambeau.
Chez l'épouse le dieu fait brèche,
Et l'lend'main ell' dit qu'du luron
Ell' n'a senti qu'un p'tit bout d'mèche
    Dans son lum'ron.

Lorsqu'un vieux lumeron se bouge,
Voulant d'l'amour essayer l'jeu,
Il faut que l'bout d'la mèch' soit rouge,
Afin d'mieux voir briller son feu.
Mais si par malheur elle est molle,
Avec la couleur d'un citron,
On n'peut se glisser que d'bricole
    Dans ce lum'ron.

Ce meuble, quoique bon sans doute,
A la trop grand'chaleur se fend ;
La liqueur tombant goutte à goutte,
Bientôt en dessus se répand,
Le feu s'éteint, la mèch' se r'tire,
Et c'est là qu'chacun d'vient poltron
Et trembl' de voir bientôt s'réduire
    Son pauvr' lum'ron.

FOURNIER.

PRINCIPES DE MORALE

Ma bonne enfant, t'es dans un âge tendre
Ousque le cœur oscurcit la raison ;
Des faux plaisirs il faudra te défendre
De t'inculquer leur satané poison.
Je vas guider ta jeunesse éphémère
Et les écarts de ta simplicité.
C'est pas le tout, dans ta noble carrière, } bis.
Il faut avoir de l'émabilité.

Ce gueux d'Amour est un n'hâbleur infâme ;
Si tu glissais dans ses emportements,
Tu deviendrais, ô trop sensible femme !
La manivelle à ces gueusards d'amants.
Si Cupidon s'agrippait à ta cotte,
Regimbe-toi ; mais, d'un autre côté,
En rembarrant ce tyran sans culotte,
Il faut avoir de l'émabilité.

L'honneur, vois-tu, c'est un miroir à glace,
Qui se ternit sous la respiration ;
Dans l'industrie où la chance nous lace,
On doit chercher la considération.
Suis d'un chacun le désir légitime
Qu'aucun humain soit par toi rebuté ;
De ton public veux-tu conquir l'estime ?
Il faut avoir de l'émabilité.

En promenant ta craintive innocence,
Tourne la croupe avec un air galant ;

Sur le pavé, zen filant la romance,
Pudiquement zaccoste le chaland.
Prends un quartier qui te popularise ;
Roule les yeux avec hilarité ;
En sourissant lâche quelque bêtise :
Il faut avoir de l'émabilité.

Au nom de Dieu ! dedans le tête-à-tête,
A ton flâneur donne de l'agrément ;
Dans le travail, rappelle-toi, Jeannette,
Que t'es pas là pour ton amusement.
Quand de tes bras le monsieur se dégomme,
Avec pudeur, avec honnesteté,
Fais la toilette à son petit jeune homme ;
Il faut avoir de l'émabilité.

T'en trouveras qu'auront bien des caprices ;
Plus d'un vaurien prend l'objet à rebours ;
De ces Judas déroute les malices
En leur offrant le ruisseau des amours ;
Mais de ton prêt si l'on triple la dose,
Si l'homme attend, s'il a sa pureté,
Elegamment présente-lui la chose...
Il faut avoir de l'émabilité.

Mon pauvre chou, tous les sentiers sont rudes,
Et l'être en vie a des zhauts et des bas.
Mets à l'abri des noires vessitudes
Le saint-frusquin gagné par tes appas.
Tu peux un jour avoir des viagères,
Et comme moi voir la société ;

Mais, pour quitter prómptement les affaires,
Il faut avoir de l'émabilité.

LOUIS FESTEAU.

LES SUPPOSITIONS

Air : *Urlurette, ma tante Urlurette.*

Supposons que du poison
Dont il trouble ma raison
L'Amour vous glisse une dose :
    Je suppose, (*bis*)
    Irma, je suppose.

Qu'en proie à douce langueur,
Nonchalamment sur mon cœur
Votre tête se repose :
    Je suppose,
    Irma, je suppose.

Que tout brûlant de désirs,
Je rêve à d'autres plaisirs,
Que vous ignorez, pour cause,
    Je suppose,
    Irma, je suppose.

Que pour étouffer vos cris,
Sur vos lèvres de Cypris
Ma bouche avide se pose :
    Je suppose,
    Irma, je suppose.

Que, non content d'un larcin,
Sous la gaze de ton sein
J'effleure un bouton de rose :
  Je suppose,
  Irma, je suppose.

Que tu repousses ma main,
Mais au doux serment d'hymen
Tu me permets autre chose...
  Je suppose,
  Irma, je suppose.

Qu'aux transports de ton amant
Tu résistes mollement;
Plus tu faiblis et plus j'ose...
  Je suppose,
  Irma, je suppose.

Qu'au dernier cri de douleur,
Je suis maître de ta fleur,
Qui pour moi seul est éclose :
  Je suppose,
  Irma, je suppose.

Que, pour calmer tes remords,
Je fais de nombreux efforts,
Toujours suivis d'une pause...
  Je suppose,
  Irma, je suppose.

Qu'enfin il faut s'abstenir,
Lorsqu'on ne peut obtenir

Certaine métamorphose...
Je suppose,
Irma, je suppose.

Id.

LA BUVETTE DE FANCHETTE

Air : *Dans la Galère capitane* (musique de Galby).

Vieille caserne recrépie,
Fanchette, apporte vite un broc !
Nous brûlons de faire tic-toc
Et nos gosiers ont la pépie ;
De bons enfants, de gais farceurs
Viennent chez toi tailler une bavette.
  Dans la buvette } bis.
   De Fanchette.
Nous étions vingt-cinq ravageurs.

Çà ! mangeons notre patrimoine,
Fermes, revenus et château ;
Fanchonnette, apporte un morceau
Du compagnon de saint Antoine ;
Il faut aux biberons fumeurs
Une croutille avec une andouillette.
  Dans la buvette, etc.

Trêve au sabbat ! trêve aux paroles !
Taisez-vous, messieurs les braillards !
En avant les couplets gaillards !
Déboutonnons les gaudrioles...

Pour faire mieux ronfler les chœurs,
Roulons le verre, et que la table en pette !..
      Dans la buvette, etc.

Le picton pousse à la tendresse,
Vivent l'amour et les lurons !
Que le sort soit juge, tirons
A pile ou face notre hôtesse !
J'ai gagné... soyez beaux joueurs ;
A moi la fille... à vous la chopinette !
      Dans la buvette, etc.

Contre le sort on se taquine,
Des gros mots on en vient aux mains ;
C'était le combat des Romains
Pour enlever une Sabine...
Pourquoi tant de cris, de fureurs,
Pour conquérir un vieux nid d'amourette ?...
      Dans la buvette, etc.

Mais, non, Fanchette, à toi la pomme !
N'es-tu pas reine en ton réduit ?
Pour tes amours de cette nuit,
Allons ! choisis le plus bel homme !
Toi qui plus a tant d'amateurs,
En vaillants coqs tu te connais... poulette...
      Dans la buvette, etc.

« Ouvrez, ouvrez à la patrouille !
(Dit le caporal des *Pigeons*)
Suivez-nous, messieurs, abrégeons !

Au violon tout se débrouille... »
Nous, au nez des interrupteurs,
Nous envoyons la table et la banquette
Dans la buvette, etc.

Au reçu de notre mitraille,
La garde tourne les talons,
Et sans retard nous avalons
Les canons du champ de bataille ;
Puis, en Léonidas vainqueurs,
Nous prenons tous... la poudre d'escampette !
Dans la buvette
De Fanchette,
Nous étions vingt-cinq ravageurs !

ID. (1839).

LE MARI SUSCEPTIBLE

Air : *C'est une chose merveilleuse.*

Malgré mon bouquet, mon chapeau,
Symboles d'innocence,
La nuit d'hymen, monsieur Copeau,
Après une aimable licence,
Me dit avec impertinence :
« Babet, vous m'avez fait... capot. »
C'est une chose bien terrible
Qu'un mari susceptible !

J'instruisais fort innocemment
Le grand'cousin Sylvandre ;

Mais, devançant le dénoûment,
Monsieur Copeau vint nous surprendre,
Qui croirait qu'il m'osa défendre
De pratiquer l'enseignement ?
C'est une chose, etc.

Avec un des beaux freluquets
    Qui briguaient ma conquête,
Un soir je croquais des croquets
Dans un estaminet honnête ;
Mon jaloux survient et m'arrête,
Comme j'entrais dans les bosquets.
C'est une chose, etc.

Avec le beau danseur Rifflard
    J'exerçais une danse,
Quand monsieur Copeau, l'œil hagard,
Interrompit la contredanse,
Comme je glissais en cadence
Pour essayer le grand écart.
C'est une chose, etc.

Avec Charle, un soir, dans les cieux,
    J'admirais la comète ;
Mon mari, comme un furieux,
Vint me déranger la lunette
Au moment où de la planète
La queue allongeait à mes yeux.
C'est une chose, etc.

Fillette à qui le dieu d'amour
    Fit cadeau d'un cœur tendre,

Dans la crainte d'un mauvais tour,
De l'hymen sachez vous défendre;
Si vous en tâtez, il faut prendre
Un Ménélas aveugle et sourd;
Car c'est une chose terrible
Qu'un mari susceptible !

ID.

UNE MESSALINE

Air de Michel et Christine.

Viens, cher amant, dans ma chambrette;
Je veux couronner tes désirs.
Que pour nous cette humble couchette
Serve de trône aux vrais plaisirs...
Déjà ta main curieuse et subtile
Embrase mes sens agités,
Et le séjour des pures voluptés
S'entr'ouvre sous ton doigt agile !

Quelle ardeur !
En mon cœur,
Quel délice
Soudain se glisse !
Je me pâme,
Jusqu'à l'âme
Je sens pénétrer le bonheur !

Quittons l'importune parure
Qui voile les secrets appas;
Dans l'état de simple nature,

Livrons-nous les plus doux combats ;
Pour te guider où le plaisir habite,
　　Ma main t'accorde son secours...
Sans hésiter, au carquois des amours
　　Que ta flèche se précipite !
　　　　　Quelle ardeur ! etc.

　　Offrons un double sacrifice
　　Au plus puissant de tous les dieux,
　　Et sans quitter l'ardente lice,
　　Redoublons nos chocs amoureux.
De ces flacons qu'entre mes doigts je presse,
　　J'attends le baume souverain !
Avec effort fais jaillir en mon sein
　　Le nectar, le trouble et l'ivresse...
　　　　　Quelle ardeur ! etc.

　　Je veux, moderne Messaline,
　　Te frayer des chemins nouveaux ;
　　Pour le séjour qui l'avoisine,
　　Laisse le temple de Paphos ;
En savourant une faveur si grande,
　　Fuis bientôt ces lieux inconnus,
Quitte Sodome, et rapporte à Vénus
　　Et ton hommage et ton offrande...
　　　　　Quelle ardeur ! etc.

　　Ranime tes forces mourantes !
　　L'amour nous offre un jeu nouveau ;
　　Viens, entre mes lèvres brûlantes,
　　Je veux rallumer ton flambeau !

Prends à mes pieds l'attitude contraire,
Que tes doigts ouvrent le parvis,
Et que ta langue au temple de Cypris
Pénètre jusqu'au sanctuaire...
    Quelle ardeur ! etc.

Pour finir la lutte amoureuse,
Doublons nos baisers, nos efforts !
Qu'une pose voluptueuse
Seconde nos lascifs transports !
Sacrifions nos dernières ressources !
Semblables aux torrents de feux,
De nos deux corps que les sucs précieux
Sortent à grands flots de leurs sources !!!

    Quelle ardeur
    En mon cœur,
    Quel délice
    Soudain se glisse !
    Je me pâme,
    Jusqu'à l'âme
Je sens pénétrer le bonheur !

L^s Fest...

COURS D'AGATHOPEDIE BIBLIQUE

Air du bal Mabille.

Au temps de nos aïeux,
Tout était radieux ;
Le venin des serpents

Se distillait en propos séduisants.
Les ruminants parlaient un doux langage ;
Sans avoir fait leurs cours d'humanités,
Sans posséder les tropes en usage,
Ils péroraient mieux que nos députés.

  Les poissons guérissaient ;
  Les dragons voituraient ;
  Les sphinx magnétisaient,
Et les chameaux agathopinisaient.
Pour leur couvent ils eurent une cage
Qui renfermait un monde dans ses flancs ;
Le vieux Noé, pour un second étage,
N'exigeait pas sept cent cinquante francs.

  Ce bon règne animal
  N'avait pas de journal,
  De mouchards décorés,
Ni de placards sur des papiers timbrés.
La voix de Dieu, roulant sur le nuage,
Dictait ses lois aux animaux béants,
Et les échos, de rivage en rivage,
Les redisaient aux flots des océans.

  On adorait les veaux ;
  On parait les taureaux ;
  La hache des bourreaux
Sut respecter la tête des pourceaux.
Pourceau chéri, tes grâces enfantines
De saint Antoine ont charmé les loisirs ;
Ta douce voix, aux notes argentines,
A su calmer ses lubriques désirs.

Les buissons discouraient ;
Les ânes raisonnaient ;
Les flots obéissaient ;
En traits de feu les murs prophétisaient.
Bel âge d'or, c'est à ton influence
Que nous devons la douce égalité;
Les potentats, de puissance à puissance,
Avec la bête avaient fait un traité.

Le grand roi Salomon
Fut sage, mais cochon,
Car sur six cents tétons
Il déchargeait ses appétits gloutons.
Royal soutien de l'Agathopédie,
Que ton pénis nous serve de fanal !
Je voudrais voir figurer ta momie
Au muséum de la porte de Hal (1).

Job vécut en pourceau,
Trônant sur un monceau ;
Ezéchiel mangeait
Certain ragoût qui vous répugnerait.
Vous vous targuez du titre de vorace,
Mais Esaü se montra plus glouton,
Car nul de vous ne céderait sa place
Pour un vil plat indigne d'un cochon.

Nabuchodonosor,
Cynique matador,
A su, pendant sept ans,

---

(1) A Bruxelles.

Boire et manger avec les ruminants.
Nos rois du jour auraient-ils le courage
De digérer ce bestial affront,
Et de troquer leur plus bel apanage
Contre celui de deux cornes au front?

    Mais tout change, morbleu!
    Je n'y vois que du feu;
    Sur des coursiers morveux
Mille démons escaladent les cieux.
Tout disparaît, et la terre s'éclipse...
Voici briller cent mille paires d'yeux,
Et néanmoins, dans votre Apocalypse,
Malgré ces yeux, personne n'y voit mieux.

    D'énormes chandeliers
    Parlent en bacheliers;
    Entendez-vous les cris
De ces dragons pistaches, bleus et gris?
Les éléphants enfourchent les vipères;
D'affreux lézards violent les chameaux;
Les colobris accouchent de chimères;
On voit pleuvoir des ours et des crapauds!

    Les étoiles s'en vont,
    Et la lune se fond;
    Le soleil s'est caché :
Il redoutait de se voir... canulé!
Tout se confond dans ce cloaque immonde;
Tout est visqueux, gluant et purulent;
Le feu du ciel se prostitue à l'onde,
Qu'on voit cailler en bave de serpent.

Sur cet infect limon,
On vit, assure-t-on,
Briller notre cochon,
Les yeux sereins, une auréole au front!
Pourceau pascal qui gouvernes le monde,
Viens parmi nous, préside ce festin!
Si ton pontife a l'air par trop immonde,
Rassure-toi, car il va prendre un bain!

Descends du haut des cieux!
Apparais à nos yeux!
Que ton groin gracieux
Vienne plonger dans ce nectar mousseux!

Félix Bovie (1).

HYMNE AU COCHON

Cochon auguste et vénéré,
Aux oreilles pendantes,
Pour chanter ton groin sacré,
Soutiens nos voix tremblantes.
Reçois cette libation,
La faridondaine, la faridondon,

---

(1) Poëte belge, peintre et riche propriétaire, très-inconnu en France, avant que le *Parnasse du xixe siècle* eût reproduit quelques-unes de ses gaillardises. Ses chansons au nombre de trente-deux, ont été réunies en 1864, en un splendide vol. grand in-8° illustré, dont une société bienfaisante et chantante a fait les frais, au bénéfice des pauvres. Ce recueil a valu à l'auteur, dans son pays, beaucoup de considération, — qui se traduirait ailleurs par de l'amende et un soupçon de prison.

Règne à jamais sur ces lieux-ci,
  Biribi,
A la façon de Barbari,
  Mon ami.

Des vieux Gaulois, nos bons aïeux,
  Nous relevons l'emblème.
Au porc noble et majestueux
  Offrons le diadème ;
Car il te sied bien mieux, cochon,
La faridondaine, la faridondon,
Qu'à bien des rois de ce temps-ci,
  Biribi, etc.

Tu remplis de ta majesté
  Ce nouveau sanctuaire ;
Quand le souper est apporté
  Tu pousses à bien faire ;
Contre toute indigestion,
La faridondaine, la faridondon,
Ton appétit nous garantit,
  Biribi, etc.

Grasse et bénigne déité,
  Des dieux le vrai modèle,
Tu daigneras, vienne l'été,
  Au vorace fidèle
Te donner en communion,
La faridondaine, la faridondon,
En immolant jusqu'à ton fils,
  Biribi, etc.

Dans les grands et petits endroits,
  Tu verras tes apôtres
Confesser, en dépit des lois,
  Ta doctrine ; et les autres
Diront, pleins de componction :
« La faridondaine, la faridondon,
  « Je veux être cochon aussi ! »
    Biribi, etc.

O cochon ! ainsi grandira
  Ta puissance féconde,
Dont l'éclat bientôt couvrira
  La surface du monde.
Qu'à jamais règne le cochon !
La faridondaine, la faridondon ;
  Que partout son nom soit béni !
    Biribi,
  A la façon de Barbari,
    Mon ami.

Id.

LA VERTU

Air de Tout Bruxelles y passera.

Depuis longtemps j'acquis l'expérience
Que la vertu, pareille au vêtement,
Change de goût, de coupe et de nuance
Suivant le ciel et le tempérament.
Sous les frimas de la froide Belgique,
A quatorze ans, cueillant le fruit en fleur,

On me traita d'infâme et de cynique,
Et dans les fers je pleurai mon erreur.

Et, cependant, j'avais la certitude
Que ma vertu se fût mise à couvert
Si mon amour, changeant de latitude,
Eût pris pour but une enfant du désert.
Du souverain implorant la clémence,
Au bout d'un mois je fus libre un matin.
Ne voulant plus séduire l'innocence,
Je courtisai la femme du voisin.

Mais, accusé de crime d'adultère,
Pendant deux ans j'eus l'insigne faveur
De commenter la différence à faire
Entre les mots de mineur et majeur.
Je fis mon temps. Couvert d'ignominie,
Comme un voleur, je sortis de prison
En me disant : « Allons en Laponie,
Tâter un peu de l'honneur du Lapon. »

Mon nouvel hôte, alors, d'un air aimable,
En souriant, dit : « Sois le bienvenu ;
Mais, si tu veux être un homme adorable,
Honore-nous en me faisant cocu. »
Mes chers amis, vous devez tous comprendre,
L'effet que fit sa proposition...
Je me disais : « Merci, je sors d'en prendre ;
C'est bien assez de deux ans de prison. »

Mais mon refus lui parut une offense ;
Je fus puni pour excès de vertu,

Et, depuis lors, je fais la révérence
Lorsque de loin j'aperçois un cocu.
Je m'embarquai, voguant vers l'Angleterre,
Persuadé qu'un peuple original
Pourrait enfin m'enseigner la manière
De discerner le bien d'avec le mal.

De mon amour étant toujours victime,
Et désirant devenir vertueux,
Je me disais : « Risquons la légitime ! »
Et, par vertu, je me chargeai de deux ;
Mais, aussitôt, la justice me crie :
« C'est un délit ! notre code pénal
Est inflexible en fait de bigamie. »
Je fus traîné devant un tribunal.

Je répondis : « Messieurs, que dois-je faire ?
Coffré, chassé, cocu, pendu, battu,
Apprenez-moi donc de quelle manière,
Vous prétendez enseigner la vertu ! »
Sans écouter la fin de mon exorde,
Un nœud coulant me prouva tout à coup
Que leur vertu, tout en montrant la corde,
A des élans qui vous prennent au cou.

Je m'échappai ; ce fut un vrai miracle !
Epargnez-moi de vous dire comment,
Mais aux Anglais je donnai le spectacle
D'un vertueux touchant au continent.
Vous parlerai-je encor de la Turquie,
Où la vertu se confie aux sérails,

Et du sérail, que la vertu confie
A des objets privés de leurs détails ?

Il me semblait que, lorsqu'on a cent femmes,
On doit jouir de quelque superflu,
Et, sans remords pour l'honneur de ces dames,
J'osai tâter un peu de leur vertu ;
Mais, enivré de folle jalousie,
Le Grand-Sultan nous surprit, et puis... crac !
On m'enseigna la vertu de Turquie,
Que l'on conserve en la fourrant en sac.

On m'empala ; ce fut désagréable ;
Je fus en butte à d'affreux calembours ;
On se moqua du côté vulnérable
Et de l'effet piquant de mes amours.
Mais, redoutant l'agent diplomatique,
Au bout d'une heure on me désempala ;
Clopin-clopant je revins en Belgique
En rimallant les couplets que voilà.

Depuis ce jour, rempli de défiance,
Quand devant moi l'on parle de vertu,
Je crois agir en homme de prudence
En m'en allant et en disant : « Connu ! »

ID.

MA DISCULPATION

Air des Trois Couleurs, ou Laissez-moi compter sur l'avenir.

On m'accusa d'être par trop cynique,
Et de blesser la vertu, la pudeur.
Morbleu ! messieurs, je trouve fort comique
Que de nos jours on se pose en censeur.
Je fus témoin de tant de turpitudes
Où la vertu dut servir de plastron,
Que, loin d'avoir de ces inquiétudes,
J'ai toujours craint d'être trop peu cochon (*bis*).

Vaudrait-il mieux composer un cantique ?
Mes chers amis, en toute humilité,
J'ose avancer que ma verve lubrique
Ne plairait pas à la divinité.
Du haut des cieux, s'il juge ma conduite,
Dieu doit se dire : Au fait, il a raison ;
S'il ne met pas ses doigts dans l'eau bénite,
Il est sincère et n'est pas trop cochon.

Vaudrait-il mieux être un vil hypocrite,
Couver mes feux sous un masque trompeur,
Etre mielleux et faux comme un jésuite,
Baisser les yeux et jouer la pudeur ?
Vaudrait-il mieux être un pilier d'église,
Un plat cafard hantant chaque sermon ?
J'aime encor mieux un peu de paillardise,
Dût-on toujours me traiter de cochon.

Vaudrait-il mieux me comporter en cuistre,
Courber l'échine, et flatter le pouvoir,

Être plat gueux vis-à-vis d'un ministre,
Et lui donner, par le nez, l'encensoir ?
Vaudrait-il mieux vendre ma conscience,
Changer de peau, vilipender mon nom !
J'aime encor mieux mon genre de licence,
Dût-on toujours me traiter de cochon.

Vous prétendez m'obliger à me taire ;
Je me tairai, mais je suis convaincu
Que, de tout temps, l'on vit, dans le mystère,
L'ardeur des sens étouffer la vertu.
La bête est là ; grisette ou grande dame
En fait d'amour n'ont qu'un diapason,
Et, depuis Eve, on vit toujours la femme
Au vertueux préférer le cochon.

Je suis cochon, et je m'en glorifie,
Mais chacun l'est d'après son sentiment :
L'un est cochon et trahit sa patrie,
L'autre est cochon et fausse son serment.
Que de cochons sur les deux hémisphères !
Que de cochons un jour d'élections !
J'en ai tant vu parmi les Petits Frères,
Que, par vertu, je chante mes chansons.

Id.

LA GRISETTE

Oui, je suis grisette !
On voit ici-bas

Plus d'une coquette
Qui ne me vaut pas.

Je suis sans fortune,
Je n'ai pas d'ayeux,
Oui, mais je suis brune,
Et j'ai les yeux bleus...
Oui, etc.

Un vieux duc me presse,
Je résisterai,
Et serai duchesse
Lorsque je voudrai....
Oui, etc.

Libre en ma demeure,
J'écris à Julien :
« Ah! viens de bonne heure,
Tu feras le mien ! »
Oui, etc.

On nous fait la guerre,
Et pourtant, je crois,
Nous n'en avons guère
Qu'un seul à la fois...
Oui, etc.

Moi, je fais l'épreuve
D'un hymen complet,
Et je deviens veuve
Quand cela me plaît...
Oui, etc.

Une prude jeûne
Avec ses façons,
Et moi je déjeune
Avec des garçons...
Oui, etc.

Pour avoir dimanche
Bonnet et ruban,
J'ai la robe blanche,
Que je mets en plan...
Oui, etc.

Fi! d'un bal qu'éclaire
Le feu des quinquets;
Vive la Chaumière!
On a des bosquets...
Oui, etc.

Je suis ouvrière,
Voilà tout mon bien;
Et j'aide ma mère,
Qui ne gagne rien...
Oui, etc.

J'aurais bien su rendre
Mon sort fortuné;
J'ai ai tant vu vendre
Ce que j'ai donné...
Oui, etc.

Mais, simple et modeste,
Je ne veux pas d'or,

Et ce qui me reste,
Je le donne encor.

Oui, je suis grisette !
On voit ici-bas
Plus d'une coquette
Qui ne me vaut pas.

F. DECOURCY.

PIGEONS ET CHAPONS (1)

Air : *On dit que je suis sans malice.*

Chaque hiver, et par clause écrite,
Clause qui n'est pas sans mérite,
Mes fermiers me servent, ma foi !
Quarante chapons... quel envoi !
Chaque hiver, ma femme en murmure :
— « Je les lui prendrai, je le jure! »
Pour Dieu ! laissez-moi mes chapons ; } bis.
Moi, je vous laisse vos *pigeons*.

Mes chapons ont le ventre ferme,
Ils sont tous nourris dans ma ferme,
Ils sont savoureux et dodus,
Ah dame ! ils mangent tant et plus !

---

(1) Chanson composée à propos d'une action judiciaire intentée par Mademoiselle Doze à son mari, M. Roger de Beauvoir. Le public a été tenu au courant des démêlés de ces deux conjoints-disjoints, qui faisaient constater l'un contre l'autre, à tour de rôle, le flagrant délit d'adultère.

Vos *pigeons* ont la mine étique,
Ils sont d'une maigreur phtisique...
Pour Dieu ! etc.

Pauvres oiseaux de Normandie,
On veut, la requête est hardie !
Vous supprimer, de par Thémis,
Pour ma femme et pour ses amis...
N'être pas, après vingt batailles,
Au moins séparés... de volailles !
Pour Dieu ! laissez-moi mes chapons,
Et je vous laisse vos *pigeons*.

ROGER DE BEAUVOIR.

LE BAL MASQUÉ DE MA FEMME

Le bal était, dit-on, charmant,
Et les mascarades heureuses,
Mais, comme on manquait de danseuses,
On prit des filles chez Constant.

Berthe y vint, avec Coralie,
Et Turcas en devint rêveur...
Asseline en vint en Folie,
Et Francis Girard, en coiffeur.

Avec ses jolis bas orange,
On y vit le beau Dennery ;
Il suivait madame Desgrange,
Que Gaiffe escortait, attendri.

Enfin, pour finir le tableau,
On y vit ma femme en pucelle,
Ma belle-mère en maquerelle,
Et mon beau-père en maquereau (1).

ID.

IMPROMPTU

A une dame qui montait en voiture en compagnie de M. Gustave Vaëz.

Si Dieu, dans sa bonté divine,
L'eût fait du genre féminin,
Au lieu de vous offrir *sapin*,
Vaëz vous eût offert *sapine*.

ID.

(1) La dernière épigramme de M. Roger de Beauvoir contre sa femme a été la couronne d'immortelles qu'il envoya à la malheureuse, agonisante. C'était atroce, mais cela prouve que M. de Beauvoir a un vif sentiment des devoirs conjugaux, pour les autres. Il eût voté en 1849 l'amendement Pierre Leroux, qu'il invoqua contre M. Avond. Ce cas de pathologie mentale pourrait se définir : *la monogamie du législateur.* — Constant, bordel fastueux, rue Monthyon; spécialité de blondes. — Dennery, auteur dramatique à la grâce de Dieu. — Madame Desgranges, maîtresse du dit Dennery, seul. — Turcas, dit le beau Turcas, petit-fils de Cherubini, frère de la femme du statuaire Duret. — Les autres personnages, filles et gens de lettres inconnus, même de Vapereau.

AUTRE

Devant une autre Léda que celle de Galimard.

Quand le dieu de l'Olympe, en cygne,
Dans les roseaux surprit la lascive Léda,
Il fut contraint de lui parler en signe :
Léda comprit le signe, et sans façon l'aida.

Id.

AUTRE

M. Troplong, éleveur.

Comment se fait-il que cet homme
Qui fait d'admirables discours,
Mais que monsieur Troplong on nomme,
Ait réussi dans un concours ?

Id.

AUTRE

Le nouveau Molière.

Molière, époux de la Béjart,
Eut beaucoup de talent naguère ;
Madelaine (1) épousant Uchard
En a fait un second Molière.

Id.

(1) Mademoiselle Madelaine Brohan.

AUTRE

Sur le carnet de dépenses d'Alexandre Dumas père.

Sur ce carnet Dumas écrit
Chaque jour tout ce qu'il dépense ;
Il n'y pourrait mettre, je pense,
Tout ce qu'il dépense d'esprit.

ID.

AUTRE

A propos du projet sur la taxe des voitures.

O vous ! qui taxez nos carrosses
Et nos beaux chevaux d'apparat,
Epargnez le char de l'Etat...
Il n'est traîné que par des rosses.

ID. (1862).

ENVOI

du médaillon de la Camargo, à M. Philoclès Régnier, sociétaire de la Comédie-Française.

Voilà ce portrait tant promis
Depuis deux mois; mais je m'acquitte.
Pour un de mes meilleurs amis,
Camargo doit quitter mon gîte.
Deux mois !... c'est beaucoup trop d'instants
Pour une danseuse aussi tendre.
Crois-moi, chez Régnier, de son temps,
Elle t'aurait fait moins attendre.

ID.

LE SANG POUR TROIS ET LE TROIS POUR CENT

CONTE

A la princesse de Polignac, née Mirès.

A certain prince qui voulait
S'encanailler dans la finance,
Son beau-père futur disait :
— « De l'honneur de votre alliance
Je suis vraiment très-satisfait.
Mais votre faubourg est sévère,
Et notre famille est d'un sang
Que chez vous l'on n'estime guère.
— Ce scrupule est une misère,
Dit le prince, en se rengorgeant ;
J'ai du sang pour trois, cher beau-père.
— Alors, terminons notre affaire :
Moi, prince, j'ai du trois pour cent. »

Id.

IMPROMPTU

Après une mauvaise nuit passée dans une auberge de Gênes.

Bienheureux est l'homme indigène
Qui du ciel a reçu le don
De dormir dans l'état de gêne
Que cause un pareil édredon.
Comme un éléphant sur un arbre
J'ai passé ma première nuit :
A Gênes on fait tout de marbre...
Jusqu'aux matelas de son lit !

Mery.

AUTRE

A une demoiselle dont la broche représentait l'animal symbole de la fidélité.

Ayez un chien, un chien couchant,
Un chien de garde, un chien de poche ;
Mais gardez-vous, la belle enfant,
De jamais le mettre à la broche (1).

ID.

(1) Citons, en marge de ces deux boutades, un échantillon du talent de M. Méry comme poëte latin parasite. Il est en l'honneur de M. Polydore-Mécénas-Amphitryon Millaud. :

FIN DE L'ENEIDE
CHANT XII

At pater Æneas non encor remplaçaverat
Didonem. Veuf, sponsavit in nupce secunda
Jeunam Laviniam, mais non heureusior il fut.
Errarunt tous deux, separati, tempore longo.
La Lavinia grosse, de Millaude, futuro
Banquiere, accouchat, qui portat d'ore lunettas.
Celui-ci, si non fondavit Romam nec Albam
Fondavit *latinum* cum Lireux atque theatrum.
Parisiem venit, et se mit pourchassare l'argent ;
Camaradi le connaissent sub nomine Moses,
Sed concurrentes appellant hunc Polydorum,
Qui veut dicere : *Beaucoup d'or ;* et justificavit
Un tel surnomen. Cum Mires, fidus Acathes,
Quartierum instituit, pour faciliter locatairos ;
Mais profitavit solus. Construxit hotellum,
Esbrouffans Asiæ luxus, ou plutôt Etrusqui,
Plaça Sancti Georgi ; meublavitque richessis
Qu'il portavit d'Italie : alors litteratura
Invitata fuit pour dîner. Sic ego, Mery,
Chantavi : « O Millaud, dixis : Que l'actionarus
« Sit! factus fuit actionarus ; puis, que Girardinus
« Pour toi brisât plumam : brisavitque Girardinus ;
« Et que Pacificus coulât in Atlanticum ;
« Et déjà Pacificus s'embrasse avec Atlantico ;
« Car sic voluit Millaud... »

LE SOUS-LIEUTENANT

Un sous-lieut'nant, accablé de besogne,
Laissa sa femme un jour emboîter l'pas.
Elle partit seul' pour le bois d'Boulogne,
En emportant un dragon sous son bras...
Drinn, drinn, drinn, drinn, drinn, drinn. } bis.
Drinn, drinn, drinn, drinn, drinn, drinn,

D'un' tell' confianc' le dragon était digne :
Pendant trois jours il fut très empressé ;
Y'en a qui dis'nt qu'ils pêchaient à la ligne,
Moi, je soutiens qu'ils ont herborisé...
Drinn, drinn, drinn, etc.

Le sous-lieut'nant, le désespoir dans l'âme,
Au bois d'Boulogne accourut tout inquiet....
Mais l'malheureux, quand y r'trouva sa femme,
Fut parfait'ment convaincu qu'il était...
Drinn, drinn, drinn, drinn, drinn, drinn,
Drinn, drinn, drinn, drinn, drinn, drinn.

Léon Gozlan (1).

(1) Gozlan jure que les lyriques
  Dureront au plus cinquante ans.

Ces deux vers des *Odes funambulesques* de M. Th. de Banville expriment l'opinion de M. Gozlan sur la gloire poétique. Et qui sait si le *Sous-Lieutenant* ne traînera pas dans les mémoires obstinées cinquante ans après que, même les *Aventures de Polydore Marasquin* auront sombré dans l'oubli, jusqu'au titre ?
  Pour la postérité demi-séculaire, citons encore cinq vers de cre-

LE BOUT DE VIANDE

CONTE

En ce temps-là prêchait un saint pasteur :
« Il est, chers paroisiens, un bout de viande infâme,
    De mille maux cruel auteur,
Inventé par le Diable, il perd l'homme et la femme ;
Instrument de désordre et de damnation,
Ce bout de viande sème, en sa rage infernale,
L'abomination, la désolation !
    Persécuteur de la morale,
C'est avec volupté qu'il produit le scandale ;
Il fait verser du sang, il fait couler des pleurs...
Ah ! que l'on voudrait bien l'arracher à plusieurs !
Mes frères, vous riez ; vous rougissez, mes sœurs...
Allons, plus d'équivoque ! il faut que je m'explique :
    Chrétiens, cet objet malfaisant,
Ce morceau venimeux, ce bout diabolique...
    C'est la langue du médisant.

PIERRE LACHAMBAUDIE.

vaille, assez mémoriaux, que M. Gozlan fait déclamer à *la dernière lyre*, dans *Aristide Froissart* :

    Mangeons du bœuf, mangeons du bœuf !
    Ce projet me semble assez neuf.
    Mangeons du bœuf jusqu'à l'aurore !
    Et que Phœbus nous trouve encore
        Mangeant du bœuf !

UNE FILLE RAISONNABLE

EQUIVOQUE POPULAIRE

La blonde aussi bien que la brune,
Lorsque vient certain jour du mois,
De l'influence de la lune
Subit les rigoureuses lois.
Un amoureux pressait sa belle :
Il est arrêté tout à coup...
— « J'aime le plaisir, lui dit-elle,
Mais... les affaires avant tout. »

MAHIET DE LA CHESNERAYE.

ELEPHANTIS GEORGES

Par la superbe George
L'éléphant fut vaincu !
Elle montra sa gorge...
On croyait voir son cu (1).

V. HUGO.

A MADEMOISELLE OZY

Herschell et Leverrier, ces dénicheurs d'étoiles,
Cherchent des astres d'or au sombre azur des soirs ;

(1) Le cul de l'éléphant. Cette épigramme de mastodonte ne s'explique que par les services inexpiables de Mademoiselle Georges sous Napoléon Ier.

Et moi, sur ton beau sein, dont j'écarte les voiles,
J'ai, dans un ciel de lait, trouvé deux astres noirs!

ID.

A UN INEXORABLE PROPRIETAIRE D'ALBUM

BOUTADE-PAVÉ

Il aurait volontiers écrit sur son *chapum* :
« C'est moi qui suis Guillot, berger de cet album ! »

ID. 1838.

AU BAS D'UN PORTRAIT-CHARGE DE M. V. HUGO, PAR BENJAMIN (1)

Ci
Cet homme
Qui
Dégomme
Rimeurs
De Rome,
Auteurs
Qu'on nomme
Ailleurs.

---

(1) Nous mettons la réimpression de cette pièce et de la suivante sous la sauvegarde de cette réflexion morale de M. Prosper Mérimée : « Les âmes basses et méchantes ne comprennent pas le génie, mais elles cherchent partout le ridicule, *parceque* le ridicule nivelle toutes les renommées et que devant lui *disparaissent la terreur et l'admiration.* »

Eh ! sans doute ! Ce rapprochement nous plaît.

Sa puissance
Est immense ;
Il condense
Mort et danse,
Rire et pleurs;
Il mélange
L'homme et l'ange,
La vidange
Et les fleurs.

Il est grand, il est grand, mes frères !
Il a sous ses pieds les palais,
A ses genoux les ministères,
Sous sa main les sociétaires
De ce bon Théâtre-Français !

Son vaste front rayonne et verse la pensée
Sur la foule — qui boit, attentive et pressée,
La manne de son verbe et le bruit de sa voix ;
Car lui, c'est l'Empereur ! — les autres sont des rois,

Des ducs, des princes,
Comtes, barons ;
Ils ont provinces,
Ils ont fleurons ;
Mais qui qu'en grogne ?
Aux plus lurons,
Lui, sans vergogne,
Prend, taille et rogne
Leurs écussons.

Cet homme,
Ce Goth,

　　　　　Se nomme
　　　　　Hugo!
　　　　　Sa trace
　　　　　S'efface
　　　　　　Ra...
　　　　　Il passe
　　　　　　Jà! (1).

　　　　　　　　　　　　　　1841.

LA GOLGOTHE

Air : Un jour le bon Dieu s'éveillant.

Un jour, Victor Hugo-le-Grand
Se posa sur son océan :
« Si je sondais les lueurs sombres
En faisant rayonner les ombres?
L'univers serait épaté
De ma ténébreuse clarté ;
Puis chez Lacroix ça grossirait ma note ;
Car tout doucement il faut bien qu'on *golgothe*,
Et tout doucement je *golgothe*. »

(1) En 1847, après que M. Hugo eut été nommé pair de France, on reédita cette charge, avec la variante suivante, à partir de *leurs écussons* :

　　　　　Grand, petit,
　　　　　Tout finit ;
　　　　　Loi suprême!
　　　　　Hugo même
　　　　　La subit!
　　　　　Vivace
　　　　　　Hier,
　　　　　Il passe
　　　　　　Pair...

« Moïse eut le Mont Sinaï,
Mahomet, Médine-el-Nabi ;
Napoléon eut Sainte-Hélène ;
Par un semblable phénomène,
Mon ouragan s'est entassé
Sur le granit de Guernesey.
Vers l'horizon je fais tonner ma glotte ;
Car tout doucement il faut bien qu'on *golgothe*,
Et tout doucement je *golgothe*.

« Homère, Socrate, Platon,
Corneille, Shakspeare et Byron,
Combien mieux que vous je *golgothe !*
Je pince toujours la cagnotte !
Voyez ce que m'a rapporté
Le mot que Cambronne a lâché !
Cinq cent mill's francs ! avec ça l'on boulotte !
Car tout doucement il faut bien qu'on *golgothe*,
Et tout doucement je *golgothe*. »

« — Grand maître, prêtez-moi cent sous ?
— Ami, je ne puis rien pour vous...
Que de vous déclarer poëte,
Sous le crâne ayant la tempête...
Maintenant, tirez-vous de là...
Chacun gravit son Golgotha !
On ne peut pas me tirer de carotte !
Faites comme moi, cher ami, je *golgothe*,
Oui, tout doucement je *golgothe*. (1).

Alexandre Pothey (1864).

(1) La ladrerie du poëte est de notoriété publique. L'occasion de

CE QU'IL ME FAUT

Chantez, chantez encor, rêveurs mélancoliques,
Vos doucereux amours, et vos beautés mystiques
    Qui baissent les deux yeux ;
Des paroles du cœur vantez-nous la puissance,
Et la virginité des robes d'innocence,
    Et les premiers aveux !

Ce qu'il me faut, à moi, c'est un amour qui brûle,
Et comme un dard de feu dans mes veines circule,
    Tout rempli d'alcool ;
C'est une courtisane enivrée et folâtre,
Dansant autour d'un punch à la flamme bleuâtre,
    Et buvant à plein bol !

Ce qu'il me faut, à moi, c'est la brutale orgie,
La brune courtisane à la lèvre rougie,
    Qui se pâme et se tord ;
Qui s'enlace à vos bras dans sa fougueuse ivresse,
Qui laisse ses cheveux se dérouler en tresse,
    Vous étreint et vous mord !

cette goguenardise : *La Golgothe*, a été le refus du prêt d'une cinquantaine de francs, à un vieil ami malheureux, M. Auguste de Châtillon, poëte et peintre, dont un portrait du MAITRE décorait le salon de la Place-Royale.

M. de Châtillon, comme un homme qui ne pouvait en croire ses yeux, faisait lire dans les cafés de Paris ce refus étrange, où la phrase : « *Chacun gravit son Golgotha !* » remplaçait sept francs cinquante centimes, au prix où M. Hugo porte Lacroix par vers.

Grâce à M. Pothey, le verbe *golgother* est entré dans la langue française par la porte *verte*, pour employer le qualificatif à la mode.

C'est une femme ardente autant qu'une Espagnole,
Dont les transports d'amour rendent la tête folle,
　　Et font craquer le lit;
C'est une passion forte comme une fièvre,
Une lèvre de feu qui s'attache à ma lèvre
　　Pendant toute une nuit !

C'est une cuisse blanche à la mienne enlacée,
Un regard embrâsé d'où jaillit la pensée ;
　　Ce sont surtout deux seins,
Fruits d'amour arrondis par une main divine,
Qui tous deux à la fois vibrent sur la poitrine,
　　Qu'on prend à pleines mains !

Eh bien ! venez encor me vanter vos pucelles,
Avec leurs regards froids, avec leurs tailles frêles,
　　Frêles comme un roseau,
Qui n'osent de leur doigt vous toucher, — ni rien dire,
Qui n'osent regarder et craignent de sourire,
　　Ne boivent que de l'eau !

Non ! vous ne valez pas, ô tendre jeune fille,
Au teint frais et si pur caché sous la mantille
　　Et dans le blanc satin,
Non, dames du grand ton, en tout, tant que vous êtes,
Non, vous ne valez pas, femmes dites honnêtes,
　　Un amour de catin !

　　　　　　　　　　ALFRED DE MUSSET (1).

(1) Cette pièce de M. Alfred de Musset (à moins qu'elle ne soit de M. Gustave Drouineau), a été reproduite, incomplétement, dans les

BULOZ CONSTERNÉ

Buloz est sur la grève,
Pâle et défiguré;
Il voit passer en rêve
Gerdès tout effaré.

La matière abonnable
Se meurt du choléra;
L'épreuve est détestable,
Il faut un *Errata*.

De toute part aboient
Des contre-sens obscurs,
Et les marges se noient
Dans des *deleatur*.

. . . .
. . . .
. . . .
. . . .

Lœwe fait héritage
De quatre millions;
Dumas meurt en voyage,
Faute *d'impressions*;

préfaces de deux des quatre éditions qu'un roman sadique, *Gamiani ou deux nuits d'excès*, publié pour la première fois en 1833, a eues depuis trois ans (1863-1865).

On a *des preuves* que M. Alfred de Musset est l'auteur de ce roman. Ceux de ses amis qui repoussent *avec horreur* l'attribution que lui en ont faite, à l'exclusion de tout autre, les contemporains, n'ignorent pas que les habitudes du poëte étaient un peu plus coupables que ses imaginations.

Dans les filles de joie
Musset est abruti ;
Ampère, en bas de soie,
Pour la Grèce est parti.

Brisset est à la Morgue,
Sainte-Beuve au lutrin ;
Quinet est joueur d'orgue
A Quimper-Corentin ;
Delécluze est modèle
Dans l'atelier de Gros ;
. . . .
. . . .

George Sand est abbesse
Dans un couvent lointain ;
Fontaney sert la messe
A Saint-Thomas-d'Aquin ;
Fournier, aux inodores,
Présente le papier,
Et quatre métaphores
Ont étranglé Barbier.

. . . . . Lacordaire
. . . .
Lerminier veut se faire
Grotesque au boulevard ;
Planche est gendarme en Chine ;
Magnin vend de l'onguent ;

> Le monde est en ruine;
> Bonnaire est sans argent !
>
> Id. (1).

LA MORT, LES OBSÈQUES ET L'APPARITION DU CAPITAINE MORPION

> Cent mille poux de forte taille
> Sur la motte ont livré bataille
> A nombre égal de morpions
> Portant écus et morions.

> Où courez-vous, races guerrières ?
> Pourquoi ces contenances fières,
> Et de ce fer armer vos bras ?
> Ah ! fuyez les sanglants combats !

> Sans doute une jeune pucelle,
> Fille d'un pou, d'une étincelle
> Brûlante enflamma votre cœur;
> Elle est destinée au vainqueur ?

---

(1) Fantaisie du genre de l'*Académie Française*, publiée dans le *Parnasse satyrique* (voir *l'Appendice*).

Quoiqu'incomplète et insignifiante, nous la donnons parce que M. Paul de Musset ne la publiera pas dans l'édition des *Œuvres complètes*, destinée à sauver de l'oubli le nom de M. Charpentier.

Il sera curieux de voir, en 1866, ajouter un article à la loi sur la propriété dite littéraire, en faveur du frère Paul, dont son frère Alfred ne parlait que de haut, — comme d'un enfant des hommes, pondu par hasard dans le même lit qu'un enfant des dieux.

La pièce date de 1833. Cette année là le choléra dispersait les rédacteurs de la *Revue des Deux Mondes*, et paralysait l'abonnement.

D'une femme craignez les charmes ;
A l'Amour vous rendez les armes ;
O poux ! je ne vous connais plus !
O morpions ! fuyez Vénus !...

Va ! ta parole est superflue !
Un pou, la poitrine velue,
Le glaive en main, fendant les rangs,
Vient provoquer les combattants.

Des morpions l'armée entière
Frémit, — et, baissant sa visière,
Un capitaine courageux
Brandit son dard, d'un bras nerveux.

Homère, prête-moi ta lyre,
Que noblement je puisse dire
Les combats de ces nobles preux,
Les grands coups de ces valeureux !

Des deux côtés ont fait silence.
Le pou provocateur s'avance ;
Le morpion reçoit son choc,
Et frappe de taille et d'estoc.

Transpercé, malgré sa cuirasse
Faite d'une écaille de crasse,
Le capitaine morpion
Est tombé mort au fond du con.

Pleurant ce brave capitaine,
Les morpions, le cœur en peine,

Sur le vagin firent serment
De lui construire un monument.

On voulait dans ce mausolée
Mettre sa dépouille sacrée,
Mais on ne trouva plus son corps...
L'abîme ne rend pas les morts !

Sur ce superbe cénotaphe
On fit graver cette épitaphe :
« Ci gît un morpion de cœur,
Mort vaillamment au champ d'honneur. »

Depuis ce temps, dans la vallée
On voit, par la nuit étoilée,
Errer un fantôme tout nu,
A cheval sur un poil du cu !

THÉOPHILE GAUTIER (1).

(1) C'est-à-dire attribué à M. Théophile Gautier. Le *Parnasse satyrique* a donné, anonyme, le vrai texte de ce chef-d'œuvre. Celui-ci, beaucoup plus connu, est l'amplification d'un de ces rhapsodes qui dans les sociétés gaudriolantes se targuent d'être dans le secret des poètes divins.

M. Gautier s'y trouve victime (il le fassalait) de l'observation de Nicolas Boileau sur la chanson qui :

Passe de bouche et bouche et s'accroît en marchant.

Voir l'*Appendice*.

LE CORSET DE LUCY (1)

Virelai

Je m'en vais pour une affaire
Qui me tient en grand souci ;
Pas ne faut que je diffère.

Si le roi me voulait faire
Son ministre, — grand merci !
Je m'en vais pour une affaire.

Adieu, sire, je préfère
Ce qui m'attend près d'ici ;
Pas ne faut que je diffère.

L'or du nouvel hémisphère
A mes pieds serait aussi,
Je m'en vais pour une affaire

(1) Madame Ratazzi, ci-devant princesse de Solms, célèbre par ses effets de faux cheveux et de vraies cuisses ; — mais sa gorge était moins dure que son oreille.

Le Corset de Lucy est ce que M. Ponsard a publié de plus guilleret, si l'on excepte quelques vers du *Lion amoureux*; par exemple, celui sur le salon de la femme Tallien :

Parce qu'en ses salons chaque parti se *touche*...

Mais tout cela a la fadeur de l'équivoque, et veut être salé d'une anecdote.

Après une des fameuses soirées que la princesse de Solms donna à tout Paris en 1861-62, on allait souper en petit comité. — Enfin, dit M. Th. de B., nous allons pouvoir mettre les coudes sur la table ! — Oh ! fit la belle dame, avec un geste d'inquiétude, pas Ponsard !

Elle avait entendu *couilles*, — et celles de M. Ponsard sont, à quelques égards, un jeu de la nature.

Qui saura me satisfaire
Beaucoup mieux que tout ceci ;
Pas ne faut que je diffère.

Mon affaire est de défaire
Le corset bleu de Lucy.
Je m'en vais pour une affaire
Qui me tient en grand souci.

FRANÇIS PONSARD.

LA QUINZAINE

Un vieux baron, sans égard pour son âge
Et pour sa goutte, à l'hymen s'adressa
Pour être père, et l'hymen lui donna
Femme jolie, aimable, jeune et sage.
Il était riche : on a tout avec ça.
La nuit première, et même la seconde,
Il dormit mal. Ce fut lors, mais trop tard,
Qu'il reconnut que tout l'argent du monde
Ne pouvait pas rendre jeune un vieillard.
« Ce soir, Emma, nous ferons lit à part,
Dit le baron. A deux, on se réveille ;
J'aime à dormir sur l'une et l'autre oreille.
Voici mon lit. Dans la chambre à côté
Sera le vôtre. On peut encor, ma mie,
Donner par mois deux nuits à ses amours.
Venez me voir, Emma, dans quinze jours. »

Seule en son lit, jeune femme s'ennuie.
Le souvenir des deux premières nuits

Tient éveillés jusqu'au jour ses esprits ;
La nuit suivante accroît encor sa peine ;
A la troisième, elle se lève enfin,
Et va frapper chez l'époux son voisin.
« C'est vous ! Emma. Quel sujet vous amène ?
Mais aujourd'hui pourquoi me réveiller ?
— Mon cher mari, je venais vous prier
De m'avancer, s'il vous plaît, la quinzaine. »

COMTE DE CHEVIGNÉ (1).

L'ONCLE ET SES DEUX NIECES

Au Luxembourg un abbé se promène,
Heureux d'avoir deux nièces à son bras ;
L'une a vingt ans et l'autre quinze à peine.
Dans le parterre ils vont à petits pas,
Lui, pour mieux voir, elles, pour être vues.
L'abbé nommait les fleurs et les statues.
« Pourquoi, mon oncle, à ce bel Apollon
Mettre à mi-corps une feuille de vigne ? »
Lui dit l'aînée. A cette question,
Le pauvre abbé, tout interdit, se signe ;

---

(1) D'une part gendre de la veuve Clicquot, — de l'autre beau-père de M. de Mortemart !!
 Ce gentilhomme trait d'union, aimable et magnifique, a l'habitude de gratifier tout homme de lettres qui fait de ses *Contes Rémois* une critique louangeuse, c'est-à-dire sincère, d'un panier de champagne dit *des alliés* ; — et donne vingt francs pour les pauvres à son curé, chaque fois que celui-ci entend réciter, par l'auteur lui-même, un des dits *Contes*, — que ce soit la seconde ou la centième fois.

Mais l'autre sœur : « Feuille de vigne ? oh ! non,
C'est d'un autre arbre. — Eh ! ma sœur, duquel donc ?
Reprend l'aînée; ah ! vraiment, ça m'intrigue.
— C'est du figuier ; je vois dessous la figue.

ID.

Paris, le   184 .

EPITRE

Voici de la *Muse historique*,
Cher monsieur, le panégyrique.
Que s'il vous semble un tantinet
Trop long, trop lourd ou trop benêt,
Si je n'ai fait, par balourdise,
Assez valoir la marchandise,
Biffez, ajoutez, effacez ;
Procédés que bien connaissez
Feront sottises disparaître.
Ou, mieux encore, illustre maître,
Usez du commode moyen
Que du Parnasse un citoyen,
Saint-Amant (que, par parenthèse,
De posséder serais fort aise,
Pourvu qu'il ne m'en coûtât rien),
Saint-Amant, cent fois plus qu'un chien
Ou bien qu'une chienne cynique,
A l'un de ses amis indique :

Ton cul, dit-il, n'est pas bien loin ;
Du papier vaut mieux que du foin (1).

VALLERS jeune.

LES PROMESSES D'UN VISAGE

J'aime, ô pâle beauté, tes sourcils surbaissés,
  D'où semblent couler des ténèbres ;
Tes yeux, quoique très-noirs, m'inspirent des pensers
  Qui ne sont pas du tout funèbres.

Tes yeux, qui sont d'accord avec tes noirs cheveux,
  Avec ta crinière élastique,
Tes yeux, languissamment, me disent : « Si tu veux,
  Amant de la muse plastique,

Suivre l'espoir qu'en toi nous avons excité,
  Et tout les goûts que tu professes,
Tu pourras constater notre véracité,
  Depuis le nombril jusqu'aux fesses.

Tu trouveras au bout de deux beaux seins bien lourds,
  Deux larges médailles de bronze,
Et sous un ventre uni, doux comme du velours,
  Bistré comme la peau d'un bonze,

---

(1) Excellent conseil. Cette épître contient toute les légèretés et les grâces de M. Ravenel, annotateur de Loret, sous-directeur de la Bibliothèque impériale, naguère saint Pierre de l'Enfer de la dite.
 On nous dit que le pauvre homme est tombé dans la dévotion comme on tomberait dans la merde.

Une riche toison qui, vraiment, est la sœur
    De cette énorme chevelure
Souple et frisée, et qui t'égale en épaisseur,
    Nuit sans étoiles, Nuit obscure ! »

CHARLES BAUDELAIRE.

—

VENUS BELGA

En faisant l'ascension de la rue Montagne de la Cour, *à Bruxelles.*

    Ces mollets sur ces pieds montés,
    Qui vont sous ces cottes peu blanches,
    Ressemblent à des troncs plantés
        Dans des planches.

—

    Les seins des moindres femmelettes
    Ici pèsent plusieurs quintaux,
    Et leurs membres sont des poteaux
    Qui donnent le goût des squelettes.

—

Il ne me suffit pas qu'un sein soit gros et doux ;
Il le faut un peu ferme, — ou je tourne casaque.
Car, sacré nom de Dieu ! je ne suis pas cosaque ;
Pour me soûler avec du suif et du saindoux (1).

ID.

(1) Voir plus loin la pièce de M. Vacquerie sur les *Jersiaises*. — Mais *Jersiaises* et *Venus belga* blanchissent auprès du mot de Rivarol sur les Allemandes et leurs deux bras gauches.

SONNET

Vacquerie
A son Py-
Lade épi-
Que : — « Qu'on rie

Ou qu'on crie,
Notre épi
Brave pi-
Aillerie.

O Meuri-
Ce ! il mûri-
Ra momie.

Ce truc là
Mène à l'A-
Cadémie (1). »

ID.

(1) En prose : « Vacquerie à son Pylade épique : « Qu'on rie ou qu'on crie, notre épi brave piaillerie. O Meurice ! il mûrira momie. Ce truc là mène à l'Académie. » — Parodie, en collaboration avec M. de Banville, d'une poésie cacophonique des *Demi-Teintes* de M. Vacquerie, laquelle commence par ce vers :

Paul, il neige...

SUR MADAME HIPPOLYTE LUCAS

et sur son album.

Si j'étais tison, tu serais ma flamme!...
Si j'étais cocu, tu serais ma femme!

AUGUSTE VACQUERIE.

—

JERSIAISES

Elles sont prudes et faciles;
Toutes ces îles
Tremblaient d'amour quand vous passiez,
Forts officiers!

Leur costume étonne les rues
De couleurs crues,
Dont l'œil entend distinctement
Le grincement.

L'élégance où leur goût s'égare
Est la bagarre
Des hardes prises à tâtons
Dans tous les tons.

Leur chapeau dit à leur bottine :
« Es-tu crétine! »
Et leur robe à leur mantelet
Donne un soufflet.

Leur luxe effréné se régale
De chrysocale,

Et de dentelles en coton ;
        Broche au menton,

Brillants dont leur front se surcharge,
        Bague si large
Que le doigt disparaît dessous ;
        Total : cent sous !

Cette race est volontiers laide ;
        Son harnais l'aide,
Mais il pourrait être charmant
        Impunément.

Je prendrais ailleurs ma future ;
        C'est leur nature
D'être vieilles comme le Temps,
        Avant vingt ans.

Leur long corps se tient — veuve ou vierge,
        Droit comme un cierge,
Et ce sont toutes des garçons
        Par leurs façons,

Par toute la raideur saxonne
        De leur personne,
Par leur marche de fantassin,
        Et par leur sein.

Leur tête est un peu moins farouche,
        A part la bouche,
Que retroussent de longues dents,
        — Et le dedans !

Si tu trouves sur ton passage
    Un doux visage
Qui te fasse hâter le pas,
    Ne l'ouvre pas!

Le banc de Cancale est tout proche
    Et leur reproche
D'avoir osé se détacher
    De son rocher.

Oh! nos chères Parisiennes
    Que l'art fait siennes
Si vite, et qui donnent le *la*
    Au falbala!

En qui se touchent les extrêmes,
    Rubans, poëmes!
Faiseuses de la mode, et sœurs
    Des grands penseurs!

Bonnes aux rêves comme aux fièvres,
    Et dont les lèvres,
Si bien faites pour le baiser,
    Savent causer!

Coupes où toutes nos ivresses
    Boivent! maîtresses
Qui quand les sens sont endormis,
    Sont des amis!

Gai babil! raison exemplaire!
    C'est pour leur plaire

Que nous cherchons dans nos cerveaux
	Des vers nouveaux.

Mais là-bas, quand le remords presse,
	Notre paresse
Nous dit : A l'œuvre ! l'ennui
	Répond : Pour qui ?

On n'en voit pas une qui vaille
	Que l'on travaille.
Que peut inspirer à des gens
	Intelligents

Une île qui, pour auditoire
	Et pour victoire,
Vous propose un manche à balai
	Mal habillé ?

Merci ! — Donc, on bâille, on s'énerve ;
	Adieu la verve...
Le front ne se sent plus saisir
	Du grand désir.

On s'abrutit sur cette rive ;
	On en arrive
A regarder, de temps en temps,
	Les habitants.

Bientôt, à force d'être ensemble,
	On leur ressemble.
On se dit que, si ça durait,
	On leur plairait...

Il vous vient des oreilles d'âne,
　　　Et, Dieu me damne!
Si je n'ai pas été trouvé
　　　Bien élevé!

J'allais, grave, digne, grotesque,
　　　M'en voulant presque
D'avoir nommé Racine un pieu.
　　　O ciel! pour peu

Que l'on m'eût fait ces destinées
　　　Trois cents années,
J'aurais fini par supporter
　　　Un chœur d'*Esther!*

Car qui fait ou défait notre âme,
　　　Sinon la femme?
Elle est tout dans notre sillon,
　　　Pluie ou rayon.

Tout homme, quand la femme pleure,
　　　Est bon sur l'heure;
Tout homme, quand la femme rit,
　　　A de l'esprit.

Femme! aimant! ce qui nous attire,
　　　Jusqu'au martyre,
C'est de voir luire en nos chemins
　　　Tes blanches mains.

Tu fais l'enfant et tu fais l'homme!
　　　Le joli mome

> Et le grand homme aux fiers défis,
> Sont tes deux fils.
>
> C'est par l'astre que les marées
> Sont aspirées ;
> Les cœurs des hommes sous tes yeux
> Vont vers les cieux.
>
> ID.

A (1)

> Si j'avais, sous ma mantille,
> Cet œil gris de lin,
> Et cette svelte cheville
> Dans mon svelte brodequin ;

(1) Pièce publiée dans le petit volume de vers, sans titre, de M. Barbey d'Aurevilly, imprimé à Caen, en 1854, moins les quatre vers en italique, relevés sur un exemplaire où l'auteur, suivant son expression, avait tenu à *se déshonorer*.

Il nous soucie de voir cet esprit délibéré figurer ici pour quatre méchants vers subreptices.

Desserrons, par compensation, deux anecdotes.

M. C. D., jeune peintre d'avenir, lauréat de l'Académie de Lille, se montrait au café Tabourey, de plus en plus mélancolisé par une simple chaudepisse. « Eh bien ! mon cher Carolus, lui dit M. d'Aurevilly, vous continuez donc d'être le saule-pleureur de votre chaudepisse ? »

Autre :

M. D'Aurevilly corrigeait ses épreuves dans les bureaux du *Pays*. Entre M. A. de la G., lequel, en passant, lui frappe amicalement sur l'épaule, et lui dit : « Bonjour, mon cher ligueur. » M. d'Aurevilly reconnaît la voix, et sans lever la tête : « Bonjour, mon cher mignon... Je dis mignon, quoique vous n'ayiez pas le cu de l'emploi. »

M. A. de la G. a des hémorrhoïdes qui lui rendraient doux l'éternel supplice de Thésée aux enfers.

Si j'avais ta morbidesse,
 Tes cheveux dorés,
Retombant en double tresse,
Jusque sur mes reins cambrés!

Si j'avais, ô ma pensée!
 Dans mon corset blanc,
Ta blonde épaule irisée
D'un duvet étincelant!

Et cette charmante chose
 Chez Laure ou Ninon,
Sur laquelle l'amour pose
Ses lèvres et pas de nom;

Enfin si je semblais faite
 Pour donner la loi,
Je serais, ô ma Paulette,
 Une coquette
Plus coquette encor que toi !

Je voudrais être une reine
 Fière comme un paon,
Dont on aurait grande peine
A baiser le bout du gant.

Je ne serais pas de celles
 Froides à moitié,
Qui, d'abord, font les cruelles
Et puis après ont pitié.

Je serais une tigresse
 Rebelle aux amours,

Cachant la griffe traîtresse
Dans ma patte de velours!

Je ferais souffrir aux âmes
    Mille bons tourments,
Et je vengerais les femmes
De tous leurs fripons d'amants!

Et sans l'éventail qui cache
    Deux beaux yeux moqueurs,
Je rirais, sur leur moustache,
De leur flamme et de leurs pleurs!

Et je passerais ma vie
    A les désoler,
Et je serais si jolie,
Qu'il leur faudrait bien m'aimer!!

Et puis, si d'aimer l'envie
    Un jour me prenait,
Je n'aurais de fantaisie
Que pour celui qui dirait :

Si comme toi j'étais faite
    Pour donner la loi,
Je serais une coquette,
    O ma Paulette,
Plus coquette encor que toi!

Aime-moi donc ma Paulette,
    O mon blond trésor!

Aimer un fat, toi, coquette,
Ce sera t'aimer encor !
BARBEY D'AUREVILLY.

AU COIN DU FEU

Seul, je nargue le mariage.
J'ai tous les drames du ménage,
Sans en avoir tous les ennuis.
La pine en main, à la dérive,
Je *sonne mon fils* (1)... Il arrive !
Je suis père !... Ci gît mon fils...
CHARLES MONSELET.

ODE AU SAUCISSON D'ARLES

Provision fort utile
Sans cesse et dans tous les temps,
Indispensable à la ville
Aussi bien que dans les champs.

(1) SONNER SON FILS, *vulgò* : Se branler. Euphémisme attribué à Mme Octave. — Synonimes : Se faire sauter la cervelle; S'agacer le sous-préfet; Se balancer le chinois; Crier Vive l'Empereur; Se donner une Sarragosse; Se polir la Colonne; Epouser la veuve Poignet, etc. etc.

Anecdote, non pas en concordance, ô mon Dieu ! car M. Monselet est dualiste et conformiste, mais en situation telle quelle.

L'auteur du livre *Le Plaisir et l'Amour* errait, en compagnie de M. Albert Glatigny, le poëte-Gland, dans le passage La Ferrière, l'un et l'autre si revêtus de pourpre, que les marcheuses continuaient à marcher. Le Dante de la Table dit, en rectifiant les plis de sa tunique, au Virgile des *Antres malsains :*

Nos habits laissent voir les cordes de nos lyres !

Si chez vous il se présente
Un convive inattendu,
La ménagère prudente
N'est pas prise au dépourvu.

Et si dans l'huile épurée
Vous voulez les tenir frais,
Sur la partie entamée
Ils ne ranciront jamais !

Mais combien ont plus de charmes
Ceux qui sont à deux boyaux !
Car ils font couler des larmes
Sur la lame des couteaux.

ID.

LE SONNET DE L'ASPERGE

Oui, faisons-lui fête !
Légume prudent,
C'est la note honnête
D'un festin ardent.

J'aime que sa tête
Croque sous la dent,
— Pas trop cependant ; —
Enorme, elle est bête.

Fluette, il lui faut
Plier ce défaut
Au rôle d'adjointe,

Et souffrir, mêlé
Au vert de sa pointe,
L'or de l'œuf brouillé.

ID.

RECLAME AU PAVILLON D'ARMENON-VILLE

L'Amour s'est fait chef de cuisine,
Et couronné d'un bonnet blanc,
Il installe son officine
Sur les bords d'un bassin tremblant.

Du cabinet à la charmille
Pleine d'un bruit de falbala,
Armé d'un plat à la vanille,
Il va criant : « Voilà ! voilà ! »

Puis, il débouche les bouteilles
Au flanc svelte et majestueux,
Où resplendit, honneur des treilles,
L'or des philtres voluptueux.

Et l'on voit, enseigne civile,
Entre deux peupliers hautains :
« Au pavillon d'Armenonville,
Petits soupers et grands festins !

ID.

AU DESSOUS D'UN PORTRAIT DE CHARLES MONSELET

(Almanach de Jean Raisin, 1860)

Tiens! voilà Monselet, aimant la bonne chère,
Les belles, les vins fins, et les dieux indulgents,
    Dans sa *Lorgnette littéraire*
    Il étrille assez bien les gens ;
Quand il décoche un mot, à la belle manière
    Des abbés du siècle dernier,
Son esprit, par ses yeux, fait petiller le verre
    De ses lunettes d'acier.

GUSTAVE MATHIEU.

CHARLES MONSELET

Un bel abbé, c'est Monselet,
L'auteur de tant de tendres choses
Qui s'enlèvent comme du lait!
Un bel abbé, c'est Monselet!
Quand, à table, il chante un couplet,
Il ferait rougir jusqu'aux roses...
Un bel abbé, c'est Monselet,
L'auteur de tant de tendres choses (1).

ALFRED DELVAU.

(1) Triolet mielleux, et méritoire d'autant, que sous aucun prétexte, M. Monselet n'a voulu donner place à M. Delvau dans la *Lorgnette littéraire :*

    Pourquoi, pourquoi, pourquoi?
   — Moi je n'aime pas les pourquoi.

9.

VOILA L'RATA (1)

L'caporal est bon enfant,
Il boit bien, sec et souvent,
Mais au marché quand il va,
Il nous garde un sou par franc...
　　Voilà l'rata !...

Le sergent a trois chevrons,
Ce qui lui fait cinq galons,
Mais au café quand il va,
Il s'endort sur les flacons...
　　Voilà l'rata !...

Le fourrier est fort instruit,
De son savoir il fait bruit,
Mais aux vivres quand il va,
Il dit : Deux et cinq font huit...
　　Voilà l'rata !...

Le lieutenant est fort beau,
C'est de l'Ecole un nouveau ;
Aux manœuvres quand il va,
Il commande en étourneau...
　　Voilà l'rata !...

(1) Du temps que Leo Lespès était au 55e de ligne ! — Ainsi, M. Lespès, travesti en militaire, a couru le risque d'aller au feu ? — Oui, monsieur.

Sous le pseudonyme de Thimotée Trimm, à jamais glorieux, le brave Lespès inspire depuis tantôt deux ans à ses confrères un sentiment terriblement compliqué : la jalousie de facultés qu'ils ne peuvent pas envier.

Le capitaine est farceur,
Gros, gras, la main sur le cœur,
Mais quand pour courir il va,
C'est un fichu tirailleur...
  Voilà l'rata !

Je voudrais être chez nous,
Avec Margot sur mes g'noux...
Quand au pays mon cœur va,
L'adjudant dit : Garde à vous !
  Voilà l'rata !...

Leo Lespès.

DISTIQUE POUR LE PORTRAIT DE LEO LESPÈS

Dernier roi du bezigue, *ultima Trojæ spes*,
Voici le commandeur Léo, seul de Lespès !

Th. de Banville.

AU CI-DEVANT COMTE DE POT-MARTIN

officieux de la citoyenne Charbonneau.

Sur ton pot ta figure est blême,
Et si tu connais Rabelais,
Livre un, paragraphe treizième,
Tu sauras le cas que j'en fais.

Charles Bataille.

LE CHANCELIER CREPITUS (1)

Quand par derrière on suit ses pas,
On entend un bruit malhonnête.
Ce bruit ne vient pas de la tête,
Et je ne le nommerai pas ;
Ce bruit, qui rime avec trompette,
Très-souvent et très-aisément
Chez le chancelier se répète...
Comme si c'était un serment.

COMTE DE NUGENT.

MARGOT

I

Qu'un rayon de soleil l'immerge,
Et sa chevelure, aux tons roux,
Luit sous ses reflets chauds et doux,
Comme une auréole de vierge.

Filles maigres comme des clous,
Troussez-moi la jupe de serge
De cette servante d'auberge,
Que Dieu fit pour ramer des choux !

Ah ! Marco, Mimi, Marguerite !
Types malsains, vieillis si vite,
Si l'ogre du vice flairait

---

(1) Le chancelier Pasquier, mort en 1864.

Un jour ce régal de chair fraîche,
Comme, du haut de sa calèche,
Margot vous éclabousserait !

II

Paul Rubens eût, en vérité,
Pétri sa gorge ferme et blanche,
Qui se révolte avec fierté
Sous la chemise du dimanche.

Il eût arrondi cette hanche,
Et peint, dans sa large beauté,
Cette nature riche et franche,
Pleine de vie et de santé.

Et quand je songe à ces drôlesses
Où nous choisissons nos maîtresses,
Qui se font la gorge et le teint,

Je me dis qu'il est grand dommage
De laisser honnête au village
Une si splendide catin !

III

Car enfin, s'il est dans l'époque
Quelque chose de repoussant,
C'est ce vice crachant le sang,
Qui vous attriste et qui vous choque ;

Ce sont ces filles qu'on évoque
Dans le théâtre d'à-présent,

Dont le repentir équivoque
Croit vous attendrir en toussant.

Rien de jeune et de chaud qui fasse
Par sa grandeur et son audace
Tressaillir les cœurs de vingt ans !

Laissons la phthisie aux hospices !
— Nous, jour-du-ciel, ayons des vices,
Mais superbes et triomphants.

Amédée Rolland.

LA GLOIRE

> Ta ta ta ta ta ta la victoire,
> Ta ta ta ta ta ta les guerriers,
> Ta la la ta la la la la gloire,
> Ta la la la la la la lauriers ;
> Ta la la la la la l'espérance,
> Ta la la la la la succès,
> Ta la la la ta la la la France,
> Ta la la la ta la la Français !!!
>
> Vaudeville quelconque.

Eh quoi ! toujours ce mot vide de sens : la Gloire !
    Toujours les éternels lauriers,
Toujours la même rime aux mêmes mots : *Victoire,*
    Français, succès, lauriers, guerriers !
Ah ! peuple de badauds ! foules bêtes et sottes,
    Quand donc viendront les chiffonniers,
Pour mettre en même temps, dans le fond de leurs hottes,
    Et leurs chiffons et vos lauriers !

Avez-vous assez bu de cette liqueur fade,
    Assez sablé de ce vin bleu !
Et, depuis deux mille ans, votre estomac malade
    Ne s'en blase-t'il pas un peu ?
Il faudra donc toujours vous corner aux oreilles
    Les fanfares et le clairon ;
Vous n'attendez donc pas de plus grandes merveilles
    Que le bruit des coups de canon ?
Pacifiques crétins, bonnetiers débonnaires,
    Candides rentiers du Marais,
Il vous faut des dadas, avec des mirrrlitaires,
    Pour faire joujou, grands niais !
Il faut, pour amuser mesdames vos épouses,
    Ainsi que les sales voyous,
Et les bonnes d'enfants, et les marmots en blouses,
    Quatre cent mille tourlourous !
Et vous bêlez d'orgueil, — pauvres bêtes à laine !—
    Et tout en comptant le magot,
Vous vous chauffez la tête à la vieille rengaîne
    D'Austerlitz et de Marengo !
Allez ! vous êtes bien toujours la même race
    De bourgeois obtus et bouchés,
Ne vous apercevant du coup qui vous menace
    Que sous le couteau des bouchers ;
Et tant qu'on n'aura pas avec ce mot : Victoire !
    Ecorniflé vos derniers sous,
Qu'on ne vous aura pas bourrés, gavés de gloire,
    Jusques à vous en rendre saouls,
Jocrisses et jobards, dignes fils de la France,
    Vous serez toujours épatés
De voir marcher au pas des pantalons garance,

Jusqu'à la ceinture crottés,
Vous n'aurez pour vos fils, engeance moutonnière,
De plus mirifique idéal,
Que de leur voir traîner, d'une façon guerrière,
Le coupe-choux du caporal ;
Jamais rien ne pourra vous amollir le crâne
Que les rauques sons du tambour,
L'éternel rataplan que font sur la peau d'âne
Les héros à cinq sous par jour !
Vous vous gobergerez à ce bruit monotone,
Qui perce vos tympans épais,
Et vous regarderez bêtement la Colonne...
En restant fiers d'être Frrrrançais !!!

II

Ah ! viendront-ils enfin, ces jours doux et prospères,
Ces jours bénis, où les enfants
Pourront se reposer des fatigues des pères,
Au sein des loisirs triomphants ;
Où l'on ne verra plus, au milieu de nos rues,
Se dresser, d'un air menaçant,
Ces colonnes, ces arcs, ces bronzes, ces statues
Faites de larmes et de sang !
Viendra-t-il l'Age d'Or promis, où le vieux monde,
Croisant ses bras inoccupés,
Pourra chanter en chœur cette enfantine ronde :
« Nous n'irons plus au bois, les lauriers sont coupés ? »

Id.

LE DIEU DES IVROGNES

L'œil gris, diamanté de malice, le né
Crochu, rouge, émaillé de rubis et veiné
De petits filets bleus et roses; une bouche
Bien ouverte où l'on voit qu'aucune dent n'est louche;
Visage plein, laissant deviner sous la chair
Un sang d'un cru fameux et qui doit coûter cher;
Des grappes de cheveux où le soleil se joue,
S'affaissant sous leur poids le long de chaque joue;
Bref, une aimable trogne, une trogne qui luit
Pour tout le monde soûl — et l'éclaire la nuit;
Bras et jambes noueux, torses, brisant la ligne,
Echalas, membres drus ramassés dans la vigne;
Tel est, messieurs, le dieu des ivrognes! — Le front
Ne se coiffe que d'air; quant au ventre, il est rond,
Poli, d'un joli grain, comme un vase de Sèvres,
C'est une outre qui fait venir le vin aux lèvres
Et cause un vif désir, une rage de dents,
De faire pénétrer un bistouri dedans :
Quand un tonneau se montre, il faut le mettre en perce,
Et lorsqu'on voit du vin devant soi, l'on s'en verse.
Or le dieu des gens gris, fuyant les autres dieux,
Se promène aux rayons de son nez radieux.

Il avise en chemin un homme qui titube
Et que chaque hoquet remet droit comme un tube.
S'il le voit sur le point de se briser d'un coup,
Le dieu, sans seulement lui crier : Casse-cou!
Se glisse entre le mur et l'honorable ivrogne,
Qui se dit insulté par un angle, et qui grogne,

Puis cherche en trébuchant son lit sur le pavé :
Il le trouve en tombant, et se couche : sauvé !
L'omnibus peut passer au trot sur le brave homme ;
Un dieu fait faction : rien ne trouble son somme.

Le temple de ce dieu s'appelle cabaret;
C'est là qu'entre deux vins aux gens il apparaît.
Ce qu'on aime, passé, présent, il vous montre ;
Il grise aussi le Temps, et lui casse sa montre.
Si la nature jaune ou verte m'attendrit,
Dans le vin je la vois en pleurant qui fleurit.
Il habille, à mon gré, de percale ou de soie,
Et déguise en sultane ou grisette la joie.
Assis sur le comptoir, une palette en main,
Le petit dieu barbouille et peint le genre humain ;
Tout devient vermillon. Il flatte, charge et raille
L'univers, au charbon, le long de la muraille ;
Il n'a pas de respect, vraiment, pour les talents.
Les horions sont doux ; vivent les insolents!
Comme un verre de vin l'on avale une injure.
Les hommes sont égaux devant la vigne pure :
Il semble qu'on n'ait pas inventé le manant;
Le brosseur est l'ami de son sous-lieutenant.
C'est une immense orgie, étonnant paysage,
Où plantes, bêtes, gens, végétaux, rien n'est sage !

Des amants sont assis, le dieu leur joue un tour :
Du pied il rompt le banc, et les grise d'amour.

Les compagnons sont soûls ; ils tapent ! c'est mal boire;
Ce ne sont plus que poings, que bras à la peau noire,

Brandis vers de gros nez par le vin cuits à point ;
Ils ne pochent que l'air ces rudes coups de poing.

Une salle enfumée où la lumière rouge
Déteint sur tout un peuple étouffant dans ce bouge ;
Sur les tables des brocs, des bouteilles massés,
Ici pleins et debout, là vides, terrassés ;
Forêt de noirs goulots entourés de visages
Crevant d'un vermillon dévoilant leurs usages ;
Le monde attablé grouille et s'enivre à l'étroit ;
Les jupons courts, rayés, des filles de l'endroit
Sillonnent les gros dos de ces gens qui se grisent ;
Les morts vont vite ! aussi que de bouteilles gisent !
Océan de chapeaux, de têtes, noir taillis
De jambes et de bras, pandémonium, fouillis
D'hommes et femmes soûls, orgie universelle,
Hurlant, sautant, buvant dans un bruit de vaisselle !

Dans les brumes de vin, vapeur lilas, sourit,
Veillant à tout, le dieu dont la trogne fleurit...

FERNAND DESNOYERS.

LA TETONNIERE

Air : *Ce sont les moines de Saint-Denis.*

I

La tétonnière que l'on vit (*bis*)
S'enfoncer dans le corps un vit (*bis*),
Un vit, pine électrique,
Au gland rouge et cônique,

Et jamais pendante,
Et toujours bandante,
Ne sortant du ventre,
Dès l'instant qu'elle entre
Dans le con, son antre,
Que pour qu'elle y rentre,
Inondant l'entraille
De foutre en mitraille,
Trempant poils et ronces,
Trou du cul sans fronces,
— Un, — deux ! —
A crevé le fond
De son con profond !

II

Si bien que le vit flamboyant,
Lâchant tout son foutre bouillant,
Cul et con, double gloire,
A tous deux donne à boire !
Le cul est ivrogne ;
Le con, sans vergogne,
Du vit qui le cogne,
Prend pour du bourgogne
Le foutre qui coule ;
Bref, le con se soûle.
La superbe verge
Décharge et submerge
Les deux trous, et même
En cherche un troisième !
— Un, — deux !
Le con est cocu,
Il ressemble au cu !

III

La tétonnière a deux tétons (*bis*)
Qui feraient de nobles roustons (*bis*)
Pour cette pine énorme,
Objet si beau de forme,
Qu'elle prend et dresse,
Mord, suce et caresse,
(Con, cul, pine et fesse !)
Aimable bougresse,
Que d'art et d'adresse !
Suce et fous sans cesse !
Dans le con le foutre
S'élance et passe outre !
Il faut qu'il ressorte !
La bouche est sa porte !!
— Un, — deux !
Quand le con se plaint,
C'est qu'il n'est pas plein !

Id.

A L'HEURE OU SE FERMENT LES BRASSERIES

FERNAND DESNOYERS

se lève et dit :

Vous avez ri ; c'est la fin :
Je rentre dans ma demeure...
Voici le moment et l'heure
Où les punaises ont faim.

Id.

FERNAND DESNOYERS

passant le Mont-Saint-Bernard.

Qu'est-c'que la gloire ?
Un' balançoire !
Napoléon a passé par ici...
Moi aussi !

Id.

LE BOUCHON ET LA BOUTEILLE.

J'ai dix-huit ans, je suis jolie ;
J'ai la peau blanche et le sein dur,
De noirs cheveux, des yeux d'azur,
Dans la tête un grain de folie.
La jeunesse a sa floraison...
Quoique l'amour me le conseille,
Jamais je n'ai mis de bouchon
    A ma bouteille.

    A ma bouteille,
Jamais je n'ai mis de bouchon !

Le vin du plaisir y pétille.
Souvent la nuit je ne dors pas ;
Je soupire et j'étends les bras,
Et le désir dans mon œil brille.
Ma gorge danse à l'unisson,
Mais j'ai mon doigt qui fait merveille...
Au besoin, il sert de bouchon
    A ma bouteille.

    A ma bouteille,
Au besoin, il sert de bouchon !

Vient un enfant au frais visage,
Blond comme la blonde Vénus;
Il m'aime et baise mes bras nus...
Treize ans! Il n'est pas encor d'âge.
— C'est grand dommage, mon garçon,
Car ta lèvre est chaude et vermeille :
Tu pourrais noyer ton bouchon
    Dans ma bouteille.

    Dans ma bouteille,
Tu pourrais noyer ton bouchon !

Le vicaire qui me confesse
Me presse la main tendrement ;
Il voudrait être mon amant...
Voyez où peut mener la messe !
— Vous êtes gai comme un sermon,
L'abbé, le diable vous éveille ;
Egayez seul votre bouchon,
    Sans ma bouteille...

    Sans ma bouteille,
Egayez seul votre bouchon !

— A tes pieds je mets ma fortune,
Rose, dit un riche vieillard.
— Vous vous y prenez un peu tard,
Merci ! votre amour m'importune.
Ce discours n'est plus de saison,
Et chez vous le plaisir sommeille :
Vous avez un trop vieux bouchon
    Pour ma bouteille.

> Pour ma bouteille,
> Vous avez un trop vieux bouchon !

Un collégien, novice encore,
Ivre du plaisir de ses yeux,
Me lutine, et veut avoir mieux ;
Il chante à genoux qu'il m'adore,
Puis, souriant d'un air fripon :
— Rose, me dit-il, à l'oreille,
Ma langue sera le bouchon
> De ta bouteille.

> De ta bouteille,
Ma langue sera le bouchon !

Après lui, vint un militaire.
L'amour renaissait sous mes pas,
Et les baisers ne manquaient pas...
Vaillamment il me fit la guerre.
Sa main trottait sous mon jupon
Lorsque nous buvions sous la treille...
Il avait un trop gros bouchon,
> Pour ma bouteille...

> Pour ma bouteille,
Il avait un trop gros bouchon !

Un peintre me prit pour modèle ;
Mais en voyant mon corps si beau,
Il laissa tomber son pinceau :
A l'art il devint infidèle.
Il était chaud comme un tison ;
Je brûlais d'une ardeur pareille :

  Le traître enfonça son bouchon
    Dans ma bouteille !

    Dans ma bouteille,
  Le traître enfonça son bouchon !

Puis l'amour arrondit ma taille,
Et le fruit remplaça les fleurs.
Neuf mois, je mouillai de mes pleurs
Le sein où mon enfant tressaille.
Dieu m'envoie un joli poupon
Dont la joue est blanche et vermeille :
Il était resté du bouchon
   Dans ma bouteille !

    Dans ma bouteille,
Il était resté du bouchon !

Henri Cantel.

PORTRAITS-CARTES

Pourquoi, Seigneur, pourquoi, chez tant de photographes
    Ignorés ou connus,
Tant de femmes, par leurs corsages veufs d'agrafes,
    Laissant voir leurs seins nus ?

Pourquoi tant de Claras, de Flores, de Finettes
    Usurpant toutes les
Places dans les albums des familles honnêtes,
    Et montrant leurs mollets ?

L'une, à califourchon sur une chaise, étale
    Sa cuisse mi-coton,

Et les collégiens continuant Tantale,
  Achètent ce carton ;

Puis victimes, à l'heure où brillent les étoiles,
  D'affreux satyriasis,
Cherchent à soulever entre leurs draps les voiles
  Mystérieux d'Isis.

Ah ! tout cela, Seigneur, dénote une bien grande
  Absence de pudeur !
N'est-il pas temps qu'un dieu chaste à la fin nous rende
  L'Eden et sa candeur ?

Car seul, Havin, parmi cette foule indécente
  De portraits insensés,
Pose pour la vertu timide et rougissante...
  Et ce n'est pas assez !

ALBERT GLATIGNY.

MAI

En mai, le mois où l'on bande,
Les Désirs sortent par bande
Et vont battre les buissons ;
La plaintive Philomèle
Sait des horreurs, et les mêle
A ses plus tendres chansons.

La grotte s'ouvre et se ferme
Comme un con buveur de sperme ;
Les crapauds sur le chemin

Tirent quelques coups moroses ;
On voit courir dans les roses
Les Amours, la pine en main!

La vierge, dans le mystère
De sa chambre solitaire,
Caresse un godemichet ;
Le collégien imberbe
Trouve une mine superbe
A son vit qu'il éméchait ;

Et les pines centenaires,
Pareilles aux vieux tonnerres
Eventés depuis longtemps,
Crachent un reste de foutre
Lentement formé dans l'outre
Des testicules flottants !

ID.

AU VIEUX QUE J'AI FAIT COCU

Oui, vieux con (1) ! je l'ai baisée,
La pouffiasse arrosée
De ton sperme crapuleux,
Et qui laisse sur sa motte

---

(1) Métaphore injurieuse, qui s'explique par l'apathie apparente de l'objet de comparaison :

Qu'ça soit étroit, qu'ça soit large,
Qu'ça soit gris, noir, blanc ou blond,
Qu'ça bande ou bien qu'ça décharge,
Rien n'a l'air bêt' comme un con !
Foutez donc votr' vit là d'dans ! (Chanson).

Traîner ton nœud de marmotte,
Couvert de poils nébuleux.

J'ai, dans son vagin exsangue
Fourré mon nez et ma langue;
Je l'ai branlée, et j'ai mis
Ma pine chaude et robuste
Au fond d'un cul de Procuste,
Qui ne te fut point permis !

Sur l'une et l'autre mamelle
De cette jeune chamelle,
Comme le tambour Legrand,
J'ai souvent battu la charge,
Et mon vit à tête large
Prit sa bouche en conquérant.

Au retour des cons où j'erre,
J'ai mis pour ta ménagère,
Dans les poils de la putain,
Des morpions par centaines,
Vengeurs aux minces antennes,
Que tu cueillais au matin.

Où ta pine dérisoire,
Antique et lâche accessoire
De couilles qui sonnent creux,
Tirait un coup ridicule,
La mienne, fille d'Hercule,
Plantait, d'un bond vigoureux !

Oui, vieux paillard ! vieille taupe !
Oui, j'ai rouscaillé ta gaupe
Dans les draps que tu payais,
Et tu me voyais, jeanfoutre !
La branler et passer outre,
Sous tes regards inquiets !

Je la baisais, non pour elle,
Ce gibier de maquerelle,
N'avait rien qui me tentât,
Mais c'était pour que tu fusses,
O front garni de prépuces,
Cocu, selon ton état !

ID.

ENVOI DU LIVRE *LES VIGNES FOLLES*

A CHARLES BATAILLE.

A l'heure où les mille étincelles
Du gaz chassent l'ombre du soir,
On voit de folles demoiselles
Se répandre sur le trottoir.

En robes plus ou moins pompeuses,
Elles vont comme des souris :
Ce sont les jeunes *retapeuses*
Qui font la gloire de Paris !

Sous les jupons, faible barrière
Faite pour s'envoler au vent,
On peut les prendre par derrière,
Comme l'on veut, ou par devant.

Avec elles, pendant une heure
On vit toujours en bon accord,
Et puis, si plus tard on en pleure,
On va trouver monsieur Ricord.

Ma muse est de cette famille ;
Sans peur qu'on me le reprochât,
J'ai fait la cour à cette fille,
Un soir, *à la Patte de Chat* (1).

Les uns s'en vont chercher des perles
Au pays de Coromandel ;
Un autre entend siffler les merles ;
Puis-je pas aller au bordel ?

ID.

AU DESSOUS D'UN PORTRAIT D'ALBERT GLATIGNY

(Dessin à la sanguine de Molin)

Ce lyrique mal mis, ce fumeur au long cou
Qui s'allonge toujours, sans qu'on sache jusqu'où,
C'est Glatigny, jeune homme aussi gras qu'une échelle,
Exilé de Paris, comme de Larochelle (2).

TH. DE BANVILLE.

(1) Débit de chair humaine au plus juste prix, sur le boulevard Monceaux.
(2) Pas la ville, — le directeur du Théâtre Mont-Parnasse.

DU MEME AU MEME

Tel se manifesta le divin Glatigny,
Sculpté par Phidias, en beurre d'Isigny.

ID.

AU DESSOUS DE MON PORTRAIT
par un peintre du Jardin des Plantes.

C'est Glatigny, rival de l'ancien télégraphe,
Amoureux de la Muse, aimé de la girafe,
A qui, doux résultat d'un voyage à Paphos !
Il a fait, d'un seul coup, deux petits girafaux !!

ALBERT GLATIGNY.

LE PARANYMPHE DES MOTS DITS ORDURIERS

Vous les appelez des ordures
Tous ces mots qui, ruisseaux de miel,
Coulent avec de doux murmures,
Des lèvres en quête du ciel !

Vous vous signez lorsqu'on raconte
Ce que signifie *être heureux !*
Vous vous cachez le front, de honte,
D'avoir *joui comme des dieux !*

Vous rougissez de vos ivresses
Lorsque vous êtes dégrisés,
Et vous reniez vos maîtresses
Lorsque repus de leurs baisers !

Quel mal trouvez-vous donc à dire
Ce qu'à faire vous trouvez bon ?
Pourquoi *crime* un *charmant délire ?*
Comment *caca* votre *bonbon ?*

Ah ! libertins de sacristie,
Dont le cœur à la bouche ment,
Pourquoi recrachez-vous l'hostie
Gobée à deux si goulûment ?

ALFRED DELVAU (1).

DENISE

HISTORIETTE BOURGEOISE (2).

Blois, 1856.

I

Quand son mari devint l'amant d'une autre femme,
Oublieux ou lassé de son premier bonheur,
Cet enfant de seize ans qu'on appelait « madame »
Etouffa ses sanglots sous un masque menteur.

« Il faut d'un front riant soutenir cette épreuve,
Dit-elle, et que, rendant justice à ma fierté,

---

(1) Cette poésie marmiteuse, dont l'auteur a hérité la dixième part de la fistule lacrymale de Henry Murger, est empruntée à la préface du *Dictionnaire érotique moderne*, publié en 1864 par M. Delvau sous le pseudonyme : *Un professeur de langue verte*. M. Delvau n'est donc pas un lexicographe d'occasion, comme M. Larchey a pu le supposer après lecture du *Dictionnaire de la langue verte*.

(2) Publiée en 1859 en un petit volume, et interdite. Elle doit donc trouver place ici, quoique M. Ponsard lui reproche, a juste titre, de manquer de lyrisme.

Si d'un époux vivant je suis déjà la veuve,
On sache que l'ingrat ne fut pas regretté.

« Ce qu'il a dédaigné, je veux qu'on le désire.
D'autres sauront venger mon amour méconnu.
Il suffit d'un regard, d'un mot ou d'un sourire,
Pour trouver un ami dans le premier venu. »

II

C'est alors qu'on la vit, si folle et si coquette,
Briller dans sa jeunesse et dans son abandon,
Sans penser que Denise, en sa douleur secrète,
Gardait ce souvenir au cœur — comme un charbon...

Quand je la rencontrai, j'avais vingt ans à peine ;
Je connaissais l'amour par Stendhal et Musset,
Et pour moi, certains soirs, plus d'une Célimène
Avait, en souriant, dégrafé son corset.

C'était au bal. J'avais reconduit ma danseuse.
On causait dans un coin, j'en voulus être aussi :
« Denise, disait-on, n'est pas si dédaigneuse...
Parmi ses chevaliers, plus d'un a réussi.

« Il paraît que l'été, — quand il fait clair de lune,
On joue aux quatre coins, le soir, dans son jardin.
La main peut s'égarer sans paraître importune,
Et la chaste Phœbé permet plus d'un larcin.

« Puis on s'assied sur l'herbe, on fait du vaudeville.
Les uns parlent d'amour, les autres font des mots.
On se serre la main, on s'embrasse, — et l'idylle
Trouve son dénoûment sur les fonts baptismaux...

« Après tout, ce doit être une aimable maîtresse.
La taille est élégante et le regard coquet...
Sans doute, il faut des soins, des égards, de l'adresse...
Paris vaut une messe, et Denise un bouquet. »

III

Le lendemain, c'est toi qui m'as poussé chez elle,
Attrait mystérieux de la facilité !
Sans un but avoué, plein d'ardeur et de zèle,
J'étais dans son salon, assis à son côté.

Elle m'avait d'abord, suivant la mode anglaise,
Accueilli, dès l'entrée, en me tendant la main,
De cet air gracieux qui sait vous mettre à l'aise
Et vous arrive au cœur par le plus court chemin.

Notre amour débuta par un marivaudage,
Tête-à-tête naïf, paradoxe innocent,
Qu'un livre de Balzac, chapitre du veuvage,
Eut entraîné bientôt sur un terrain glissant...

Le piano nous offrit un entracte. Denise
Chanta *le Lac* et puis deux morceaux de Schubert.
Enfin, pour terminer la soirée à sa guise,
Je lui mis un sonnet sur un album ouvert.

« Venez me voir souvent, dit-elle, je m'ennuie.
Nous relirons à deux nos auteurs favoris.
Ce monde de province est sot comme la pluie,
Et j'aime étonnamment à causer de Paris. »

IV

Ainsi, dans ces moments où l'amour se déclare,
On se sent l'un à l'autre, et sans savoir pourquoi.
Comme un coq orgueilleux qui chante une fanfare,
Mon cœur disait déjà : Cette femme est à moi !

V

O le Lac! le Désir! l'Echo! le Roi des Aunes!
O les chansons d'amour ! ô le premier baiser !
Tandis que les parents et les vieilles matrones
Dans la chambre d'en haut s'occupaient à causer !

Je venais chaque soir, et la brune soubrette,
Me prenant par la main et m'amenant *presto*,
Plus folle que Marton, plus fourbe que Lisette,
Me faisait au salon passer *incognito*.

Infatigable enfant, adorable coquine,
Qui me vendis si cher un vieux passe-partout,
Fille de Figaro tombée à la cuisine,
On te prit pour tout faire, — et tu faisais bien tout !

Que ne te dois-je pas, Margot, qui, presque nue,
M'entrouvrais à minuit la porte du jardin,
Et qui venais encore, à l'heure convenue,
Dire : « Madame, il est six heures du matin. »

Tu veillais donc en bas, — et tu veillais pour quatre...
Rien ne te faisait peur, excepté la vertu ;
Mais du travail du jour ne pouvant rien rabattre,
Margot, fille d'acier, dis-moi, quand dormais-tu ?

VI

Courir tout seul, la nuit, au milieu de la rue,
Rencontrer en chemin quelque chat effaré,
Poursuivre au carrefour une ombre disparue,
S'en aller, revenir, — ou passer, à son gré ;

Contempler un instant la morne silhouette
D'un bourgeois en retard sur son rideau jauni,
Le profil du clocher où gémit la chouette,
Et la lune frileuse au disque racorni.

Ma foi ! c'est amusant de vivre à l'espagnole,
D'aller sous un balcon frapper trois fois des mains...
Cet usage se perd, mais ce qui me console,
C'est que l'on risquait fort d'éveiller les voisins.

Puis, qu'importe, après tout, par quel moyen l'on entre
Pourvu que l'on y soit. Chaque âge a sa façon.
Nous portons aujourd'hui notre cœur dans le ventre,
Et la peur d'un procès nous donne le frisson.

Le plus mince adultère ou la moindre aventure :
Timbre, prison, dépens, dommages-intérêts !
Mille écus d'avocat et deux heures d'injure,
Don Juan l'eût avoué, la chose a peu d'attraits.

Ah ! quand on ne risquait, après une escalade,
Que le poignard jaloux d'un frère ou d'un mari,
On pouvait s'en moquer, — et le seigneur alcade
N'allait pas, pour si peu, vous mettre au pilori...

VII

Bref, j'aime à le penser, le ciel me vint en aide
(Aux petits des oiseaux je ne reproche rien);
S'il m'avait refusé la dague de Tolède,
Il m'envoya Margot qui mena tout à bien.

J'avais pris, d'autre part, un logement en ville,
Qui fut bientôt garni d'objets d'un heureux choix.
On y voyait un ours et les os d'un fossile
Antédiluvien, un parasol chinois,

Des armes moyen âge, un arc, un casse-tête,
Deux monstres indiens venus de Bassora,
Un hamac indolent, un groupe déshonnête,
Des magots du Japon, un casque, — et cætera.

VIII

En jouant au milieu de ce fatras, Denise
Dont la pudeur était lente à s'effaroucher,
Quand elle avait en l'air fait sauter sa chemise,
Sur une peau de tigre aimait à se coucher.

Soutenant de la main sa tête paresseuse,
Elle prenait des airs penchés et négligents,
Et me disait : « Monsieur ! je suis vraiment honteuse...
Vous êtes bien osé de surprendre les gens. »

Et c'étaient des baisers, des refus, des menaces
Dont le cœur le plus froid se serait allumé.
Par bonheur pour la fin de toutes ces grimaces,
Notre porte était close et le volet fermé.

IX

Elle faisait d'ailleurs la part de la sagesse,
Et son zèle fervent ne fut pas attiédi.
Le dimanche matin elle allait à la messe,
Et n'aurait point mangé de viande un vendredi !

Il est bon de garder une juste mesure,
De payer à chacun tour à tour son tribut ;
Satisfaire à la fois le ciel et la nature ;
Assouvir son amour — et faire son salut !

X

Ah ! si l'on pénétrait au fond de vos alcôves,
Bégueules qui trouvez mes vers audacieux,
Avec vos amants blonds, avec vos maris chauves,
Je voudrais bien savoir si vous baissez les yeux.

Complices du serpent et mangeuses de pomme,
Si fières d'exciter notre plus vile ardeur,
Amas de boue autour d'un ossement de l'homme,
Parlez-nous de jupons, mais jamais de pudeur !

Car après tout, Denise est une femme honnête
A qui l'on n'a connu qu'un amant à fois,
Sa faute seulement fut d'aimer un poëte,
Qui s'en alla chanter ses amours sur les toits.

Vous préférez sans doute un courtaud de boutique
Ou quelque vieux curé forcé d'être discret.
Non, c'est votre coiffeur ou votre domestique...
On n'ira pas chercher si bas votre secret.

Au bord de la mer. — Arçachon. — Juillet.

XI

« Si tu savais l'horreur que j'ai de tout ce monde
Dont la sotte visite empêche un rendez-vous,
Espions et flâneurs de salon, race immonde,
Tu rougirais, ami, d'avoir été jaloux.

« Le docteur est venu, je l'ai mis à la porte,
Et pour tous ces messieurs j'en saurai faire autant.
Ce qu'on en pourra dire ou penser, peu m'importe !
Si l'on vient, je dirai : Partez vite, on m'attend...

« Je veux paraître à tous malhonnête et méchante,
On ne me verra plus au bal chez le préfet.
Quelques mots que je dis, un morceau que je chante,
Il me semble que c'est un vol que l'on te fait !

« Crois-moi, je ne suis pas de ces femmes légères,
Si promptes à l'amour, si promptes à l'oubli.
Je n'ai jamais connu les passions vulgaires,
Mon cœur s'est refermé dès que tu l'as rempli.

« Quand au pied de l'autel, sous sa couronne blanche,
O mon Dieu, vous voyez une vierge à genoux,
Quand son âme chrétienne entre vos mains s'épanche,
Pourquoi donc ce retard de sa prière — à vous ?

« Elle ignore le poids du serment qui la lie,
Et que sa liberté s'engage avec sa main.
Le mari d'aujourd'hui n'est que le parélie
De cet amant rêvé qui doit luire demain.

« Que votre ange descende et vienne sur la marche,
Lui qui voit l'adultère au delà de l'autel,
Et, comme il arrêta le bras du patriarche,
Qu'il sauve son amour d'un serment éternel ! »

XII

Elle est vivante encor cette soirée heureuse
Où Denise pleurait en me parlant ainsi,
Les baisers s'effeuillaient à sa lèvre amoureuse,
Et mon cœur débordé lui répondait : — Merci !

Nous allions au hasard. C'était un soir d'automne.
Pas un nuage au ciel. Dans l'air, pas un frisson.
Derrière nous, les pins à l'aspect monotone,
Sans se jamais lasser, gémissaient leur chanson.

Sur leur socle mouvant, les monstrueuses dunes
Festonnaient le ciel clair de leurs sommets géants,
Et le chaos de sable aux profondes lagunes
Ondoyait, morne et sombre, entre deux océans...

La vague au ventre vert écaillé de phosphore
Se bouclait en jouant sur le rivage amer.
A l'horizon, — le phare à flamme tricolore...
Une voile, — un murmure, une plainte... la mer !

Les parfums pénétrants des pins et du cytise,
Les tiédeurs de la nuit qui me faisaient pâmer,
L'âpre senteur des flots, la bouche de Denise,
Tout me versait l'ivresse et me disait d'aimer !

Blois. — Septembre.

XIII

Notre bonheur durait depuis six mois. Mon père
M'écrivit tout à coup. Il me donnait deux jours
Pour partir. Rien de plus. La lettre était sévère,
Et vint, comme un boulet, traverser mes amours.

Qui la remplacerait l'affection chérie
Où je m'étais blotti, confiant et charmé?
Il fallait quitter Blois. — Notre seule patrie,
N'est-ce pas le pays où nous avons aimé?

Je parcourus cent fois cette ville maussade,
Et je sentais rouler des larmes dans mes yeux.
Les arbres, les maisons... j'allais, comme un malade,
Triste et le cœur serré, leur faire mes adieux.

Denise n'épargna ni sanglots ni promesses.
« Elle ne voulait pas sortir de la maison.
Elle vivrait ainsi, seule avec ses tristesses,
Et même — elle craignait beaucoup pour sa raison ! »

Ses bagues, son mouchoir, son portrait, une mèche
De cheveux blonds coupés sur son front ingénu,
Elle me donnait tout ! — et Jésus dans sa crèche,
Si j'avais laissé faire, aurait été moins nu.

XIV

. . . .
. . . .

Deux grands jours de voiture ! et l'horrible voyage
Que celui que l'on fait ainsi, tout chagriné !
Je vis paraître enfin le clocher du village
Où, sans avoir rien fait pour cela, je suis né.

On aperçoit, sur la route,
La ferme au pied du coteau.
La vache se penche — et broute
L'herbe haute au bord de l'eau.

Sous un noyer centenaire,
Au front richement peuplé,
Dans la cour on voit une aire,
Une aire à battre le blé.

L'avoine, le seigle et l'orge
Sont entassés à foison ;
Le grenier crève et dégorge
Les trésors de la moisson.

Les canards fouillent la vase,
L'étable beugle et mugit.
Le raisin foulé s'écrase
Sous le pressoir qu'il rougit.

Aux environs de l'étable,
Le coq, de son bec pointu,
Sondant et triant le sable,
Pique un grain sous un fétu.

Comme une verte corbeille,
Tout autour de la maison,

Montent les bras d'une treille :
C'est un nid dans un buisson.

A quelques pas plus loin, derrière une dentelle
De chênes et d'ormeaux, sous un ciel pluvieux,
Et, comme pour servir de fond à l'aquarelle,
Le château paternel s'asseyait, lourd et vieux.

XV

Ce que j'ai souffert — là — pendant quatre semaines,
Sans une lettre, un mot ! plein d'angoisse et captif;
Ce que j'ai répandu de larmes et de haines,
Comme au fond de sa fosse un homme enterré vif.

Les spectres que j'ai vus, les nuits que j'ai passées,
Debout, en proie au doute, aux souvenirs ardents,
Et le sang allumé, seul avec mes pensées,
Maudissant Dieu, frappant les murs, grinçant des dents...

Denise aux bras d'un autre, infidèle, parjure,
Apportant ses baisers au nouveau rendez-vous...
Ces fièvres, ces transports, mes terreurs, ma torture,
Il faut, pour les comprendre, avoir été jaloux !

XVI

N'y pouvant plus tenir, épuisé, sans courage
Contre tous les soupçons qui me poignaient le cœur,
J'empruntai cent écus chez un juif du village,
Et je m'enfuis, un beau matin, comme un voleur.

. . . .
. . . .

. . . .
. . . .

J'allais donc la revoir ! — La lourde diligence
Avait fait bruyamment retentir le pavé.
Rien ne semblait avoir changé dans mon absence...
C'était ma vieille ville et j'étais arrivé !

Margot fut interdite et sottement surprise,
En me voyant courir au salon comme un fou.
Personne. — Mais bientôt je vis entrer Denise,
Et j'étendis les bras pour lui sauter au cou.

« Tu ne m'as pas écrit, méchante enfant ! » — Mais elle,
Me faisant de la main signe de parler bas :
« Ecoute ! et si tu viens me faire une querelle,
Quand je t'aurai tout dit, tu ne l'oseras pas.

« Il faut plaindre plutôt la pauvre pécheresse,
Car je veux franchement mettre mon cœur à nu,
Et peut-être, en allant au fond de ma détresse,
Tu me pardonneras ton amour méconnu.

« Il est des préjugés dont chacun est esclave,
Et c'est en vain, vois-tu, qu'on veut leur échapper ;
Le monde est sans pitié pour celui qui les brave,
C'est un joug — sous lequel nous devons nous courber.

« Ne sachant autrefois d'estime que la nôtre,
Nous allions tous les deux suivant le fil de l'eau,
Doucement endormis dans les bras l'un de l'autre,
Calmes, comme Moïse au fond de son berceau.

« Hélas ! il fallait donc cette horrible secousse !
Notre bonheur si tôt brisé contre l'écueil,
Ce réveil désolé d'une erreur aussi douce :
La honte et le mépris sur ma jeunesse en deuil...

« Je préférais mourir que d'avouer ma faute.
On m'offrit un moyen de me justifier.
Oui, je pouvais encore porter la tête haute ;
C'était à mon amour de se sacrifier ..

« Le curé me donna ses conseils les plus sages,
Il offrait le pardon à mon cœur attendri...
C'est lui qui se chargea d'envoyer deux messages,
Le premier à ton père — et l'autre... à mon mari.

« On oubliait sa faute en lui cachant la mienne...
Il revint. — Et tu vois, pouvais-je dire non,
En songeant que, du moins, si j'acceptais la chaîne,
L'enfant de l'adultère allait avoir un nom ?... »

XVII

Il faut qu'à ce moment, le Dieu terrible et juste
M'ait prêté le rayon de sa colère auguste,
Car je sentis monter la rage et la pâleur
A mon front, — et je vis que Denise avait peur.

« O mon unique amour ! ô ma première ivresse !
Voilà donc le rideau baissé sur ma jeunesse !
La pièce est bien finie, et, comme il se fait tard,
L'actrice a dépouillé sa couronne et son fard.
On la verra demain, riant de ma méprise,
Répéter doucement à l'oreille surprise

De son nouvel amant les serments éhontés
Qu'un moment je croyais pour moi seul inventés !
Cet enfant que j'aurais aimé comme sa mère,
Pourquoi l'as-tu sali sous un baiser banal ?
C'est avec ton mari que tu fus adultère,
En reniant ton cœur dans le lit conjugal...
J'aurais compris plutôt le pâle infanticide
Qui visite à minuit la couche encore humide,
Et confond à la fois sous un voile étouffant
Les sanglots de la mère et le cri de l'enfant !
C'est contre la nature et contre Dieu ! J'estime
Que les semblants d'honneur qu'on achète à ce prix
N'ont jamais pu valoir la moitié d'un tel crime...
J'aurais compris pourtant ! pourtant j'aurais compris !
Qu'il reçoive en ton sein mon premier anathème,
Ce mort-né de l'amour, — et que l'eau du baptême
Ne puisse, quand ses yeux étonnés s'ouvriront,
Laver la double tache imprimée à son front !
Qu'il soit errant, chassé, dévoré par le vice !
Que pour voler sa mère il lève le couteau,
Qu'il traîne le boulet et qu'il meure à l'hospice,
Qu'il te couvre d'opprobre et te mette au tombeau !

« Maintenant que mon cœur a vomi sa scorie,
Retrouve ton aplomb et ta galanterie...
Je ne t'estime pas assez pour te tuer,
Aux bras de ton mari va te prostituer ! »

EPILOGUE

Depuis ce jour, Denise est constamment en fête,
  Au concert, au théâtre, au bal ;

On l'accueille, et l'on voit madame la préfète
    Lui faire un salut amical.

Pour moi, j'ai renfermé ce qui me venait d'elle
    Pêle-mêle dans un coffret,
Deux cents billets d'amour signés de l'infidèle,
    Des fleurs, des cheveux, un portrait ;

Les derniers souvenirs d'une ardeur insensée
    A laquelle j'ai dit adieu,
Et plus fort que mon cœur, j'ai fait par la pensée
    Une croix au milieu.

Je ne sais si Denise a gardé l'amertume
    Du souvenir et du remords;
Mais, comme les chrétiens, les amants ont coutume
    D'ensevelir leurs morts !

Aurélien Scholl.

LA MÈRE GODICHON

Air : Pif ! paf ! pouf ! (des Huguenots).

Vive à jamais la mère Godichon,
    Reine des ripailles !
Que son nom résonne au bruit du bouchon
    Qui saute aux murailles !
    Déesse des Amours,
      Que tes atours,
      Que tes contours
    Fassent bander toujours, ⎫
      Bander toujours ! ⎬ *bis.*

Que ton conin
A peau de parchemin,
Mais divin,
Soit toujours plein
D'un engin
Libertin,
Malgré tes cheveux blancs
Et malgré tes cent ans,
Rajeunis
Et jouis !

REFRAIN :

Qu'on pine, qu'on baise,
Et qu'on boive surtout !
Qu'on soit à son aise
Et qu'on trinque partout !
Oui, partout ! (*sex*).
Qu'on boive beaucoup,
Qu'on pine partout,
Dussent nos engins en péter sur le coup !

Sa mère accoucha d'elle un beau matin,
Après une orgie ;
Elle prouva bientôt, fière catin,
Qu'elle était rouchie.
Elle fourrait dans son conin
Un gros étui,
Au lieu d'engin,
Et suçait le vit
De son petit cousin,
De son petit crapoussin
De cousin !

Elle le suçait,
Le branlait,
S'amusait ;
Elle buvait,
Se soûlait,
Et chantait :
Quel charmant biberon
Qu'un gros engin bien rond,
Dans un con
Polisson.
Qu'on pine, etc.

Mais quand elle eut ses trente ans révolus,
Elle fit merveille;
Elle avait le con profond et goulu
Comme une bouteille;
Le cu,
Dur et dodu,
(Bien entendu),
Et plus d'un fouteur eût voulu,
Pour un écu,
Baiser ce cu,
Mais un salop
Maquereau,
Vrai chameau,
De ce beau trou
Fit bientôt un égout !
Son pauvre con coulait
Et le mal la piquait,
La rongeait,
La minait !

REFRAIN :

O pine méchante,
Ton foutre infernal
Donna la coulante
A ce charmant canal,
Et loin d'être un régal,
Il lui fit bien du mal,
Bien du mal !
Pauvre petit canal,
On t'a fait bien du mal !
Ta pine, animal,
Mériterait le pal !

Son corps rongé par chancres et poulains,
En devint carcasse ;
Elle mourut, la reine des catins,
Faisant la grimace !
Dans un bocal d'esprit de vin,
L'apothicair' met son vagin,
Et tous les fouteurs adorent soudain,
La pine en main,
Ce cher conin !
On se branlait,
Et le foutre coulait,
Comme un torrent,
Sur son corps écœurant ;
On dit qu'on la voyait,
Qui soudain s'agitait,
Se pâmait,
Et chantait :

Qu'on pine, qu'on baise,
Et qu'on boive surtout !
Qu'on soit à son aise,
Et qu'on trinque partout !
Oui, partout ! (*bis*).
Qu'on boive beaucoup,
Qu'on pine partout,
Dussent nos engins en péter sur le coup !

ALEXANDRE POTHEY (1).

LES DEUX SŒURS

COMEDIE EN TROIS ACTES DE M. ÉMILE DE GIRARDIN

(Traduction en trois couplets pour le pauvre peuple)

Air : *Le propriétaire est connu...*

MADAME DE PUYBRUN

au public.

Ma pauvre sœur, chacun le sait,
N'est pas heureuse en son ménage.
Son époux est vieux, ladre, laid,
Et pourtant elle reste sage !
De mon mari, jeune et galant,
Moi, je ne cesse de me plaindre !
Zut ! je veux m'coller un amant } *bis.*
Qui me fass' *péter le cylindre !*

LE DUC DE BEAULIEU

à la dame de ses pensées.

J'aime ton front, j'aime tes yeux,
J'admire ta lèvre de rose ;

---

(1) Voir ce recueil, p. 74 et suiv., et l'*Appendice*.

J'aime le noir de tes cheveux,
Et j'aime encor bien autre chose...
Mais pour vivre dans un boui-boui,
Nez à nez... ça n'est pas à craindre !
Et si jamais je disais : Oui !
Tu t'en f'rais *péter le cylindre.*

M. DE PUYBRUN

au duc de Beaulieu.

Vous avez ravi mon honneur !
Vous m'avez coiffé d'un massacre !
Cet ornement fait mon horreur ;
Mais ma vengeance est âpre et âcre !
Craignez un cocu furieux !
Mais c'est assez ; cessons de geindre...
Pif ! paf ! j'vais nous faire, à tous deux
Proprement *péter le cylindre !*

ID. (1865.)

POTHEY

Lasse d'errer sur les sommets vertigineux,
En qui, de loin, notre œil croit découvrir les nœuds
Colossaux des Titans échoués dans les nues,
Lasse des chants sacrés et des psaumes divins,
Parfois la Muse, folle et prise entre deux vins,
     Tape sur ses fesses charnues.

« Lamartine m'embête à l'égal de Ponsard !
Il m'assomme ! et je veux encourir le hasard
D'un amour plus vulgaire et plus drôle ! » fait-elle.

Alors, vers la chambre où Pothey, doux et rêveur,
Burine, elle descend, et dit : « Simple graveur,
  Veux-tu baiser une immortelle? »

« Moi, je veux bien; » répond avec simplicité
Le mortel chevelu chez Dinochau cité.
« Retrousse-toi, ma vieille, et les jeunes minettes,
Chères aux clitoris parisiens, naîtront.
Mais avant de poser tes baisers sur mon front,
  Permets que j'ôte mes lunettes. »

Pothey n'est pas joli, mais il est si cochon !
Il dit, avec tant d'âme et de cœur : « Mon bichon ! »
Aux drôlesses qu'on voit rôder aux brasseries,
Mais ses discours, toujours composés avec soin,
Eclipsent si bien ceux que lâche Glais-Bizoin,
  Sous l'éclat de leurs broderies !

Mais ses cheveux crépus, tellement insensés,
Que sur un cul de brune on les croirait poussés,
Le dérobent si bien sous leur noire broussaille,
Que la Muse peut fort, Messaline des cieux,
Sentir, en contemplant ce graveur vicieux,
  Son con céleste qui tressaille !

C'est pour cela qu'on voit parfois, chez Dinochau,
Pothey, l'œil vif et clair comme un feu de réchaud ;
De là vient sa beauté, de là vient qu'on s'explique
Comment ce Franc-Comtois, blanc et rose de peau,
Arbore au boulevard, à son petit chapeau,
  Un brin du laurier symbolique !

A. GLATIGNY.

LES LEVRES ROSES

Une négresse, par le démon secouée,
Veut goûter une triste enfant aux fruits nouveaux,
Criminelle innocente en sa robe trouée,
Et la goinfre s'apprête à de rusés travaux.

Sur son ventre elle allonge en bête ses tétines,
Heureuse d'être nue, et s'acharne à saisir
Ses deux pieds écartés en l'air dans ses bottines,
Dont l'indécente vue augmente son plaisir ;

Puis, près de la chair blanche aux maigreurs de gazelle,
Qui tremble, sur le dos, comme un fol éléphant,
Renversée, elle attend et s'admire avec zèle,
En riant de ses dents naïves à l'enfant ;

Et, dans ses jambes quand la victime se couche,
Levant une peau noire ouverte sous le crin,
Avance le palais de cette infâme bouche
Pâle et rose comme un coquillage marin.

S. MALLARMÉ.

L'AMOUREUSE DE MALLARMÉ

L'amoureuse de Mallarmé
Est une fille aux belles hanches ;
Elle a besoin d'un mâle armé,
L'amoureuse de Mallarmé.
En vain pour lui je m'alarmai :
Elle n'avait pas de fleurs blanches.
L'amoureuse de Mallarmé
Est une fille aux belles hanches.

A. GLATIGNY.

PER AMICA SILENTIA LUNÆ

Air de la Sentinelle, *ou de l'Anacréon de Béranger.*

— O ma Zoé, la lune, dans son plein,
De ton beau cul est le parfait modèle;
La lune est blanche, et ton cul de satin
Est bien plus blanc et bien plus joufflu qu'elle.
    Mais si de la lune ton cul
    Avait la hauteur importune,
    Je serais un homme foutu,
    Car tous les soirs je prends ton cul,
    Et je ne peux prendre la lune (*bis*)!

— Tu crains, ami, que mon cul s'échappant,
Quelque beau jour vers la lune se rende;
Et moi, je crains qu'un beau jour m'attrapant,
Jusqu'à mon cul la lune ne descende.
    Cet événement imprévu
    Pour moi serait une infortune;
    Car, trompé par son air joufflu,
    Quelque jour, au lieu de mon cul,
    Tu pourrais bien prendre la lune (*bis*)!

                          A.

LEVER DE LUNE

Sur les trottoirs glacés, que les sergents de ville,
Comme Virgile et Dante, arpentent deux à deux,
Les rats gluants s'en vont, rapides et joyeux.
Sur ses amers labeurs se couche Biéville!

La Maison-d'Or flambloie ! et c'est délicieux
De voir tant d'habits noirs en débauche civile ;
Leur ivresse est sans aile, inerte, absurde, vile,
Les femmes n'ayant plus qu'un louis dans les yeux !

Le ciel est ponctué d'étoiles ennuyées ;
Les fiacres sans pudeur roulent en sens divers ;
Les théâtres sont pleins de lamentables vers.

Donc, pour voir les filous et les filles payées,
Montre au judas d'azur ton visage hébété,
Vieille lune, éclatante impersonnalité !

ERNEST D'HERVILLY.

ALEXANDRE DUMAS

Toujours lui ! lui partout ! — Insaisissable ou nette,
Sans cesse ma pensée entrevoit sa binette ;
Son aspect colossal m'étonne et me ravit ;
Je suis émerveillé jusques au fond de l'âme,
Quand je vois son grand nom briller, comme une flamme,
    Sur la vitrine de Lévy !

A tous les grands carrés, — à *la Presse* d'Emile
De Girardin, — journal qui tire à trente mille ! —
Au grave *Moniteur*, à l'austère *Pays*,
Il est partout ! — au *Globe* on le rencontre encore ;
Le Siècle resplendit des feux de son aurore ;
    Son astre éthiopien les a tous envahis !

Là, je le vois signant un roman pour *la Presse*,
Là, consolant Bocage et Rouvière en détresse,

Là, négrier, fouettant trente scribes rompus ;
Journaliste, soldat, directeur d'une usine,
Poëte qu'emplissaient des rêves de cuisine,
    Bistre sous ses cheveux crépus!

Admirable, épatant, ruisselant d'inouïsme !
O gloire ! — il défricha le sol de l'archaïsme ;
Les pitres vénéraient le Scudéry régnant.
Audebrand, transporté, lui prodiguait l'éloge.
Pipelet et sa femme, accroupis dans leur loge,
    Dévoraient Balsamo, Dantès et d'Artagnan !

Tout Villers-Cotterets est rempli de sa gloire.
Mirecourt de lui seul a gardé la mémoire.
Maquet, dit-on, était son premier compagnon.
Montépin, l'œil fixé sur ce maître des maîtres,
S'inclinait, — comme dit de Banville, — à deux mètres,
    En murmurant : — « Panné et guignon ! »

Pends-toi, grand du Terrail ! il plane dans l'espace...
Pendez-vous, Gondrecourt et Berthet ! — il vous passe
La jambe : vous rampez, lui s'élève au plafond !
Oh ! quand tu m'apparais au milieu de mes fièvres,
La chanson de *Bastien* voltige sur mes lèvres,
    Alexandre ! — lion dont je suis le Buffon !

Il nous domine tous : aigle ou bossu, qu'importe !
Cet homme, dans sa course, éblouis nous emporte.
Buloz, qui veut le fuir, le rencontre partout.
Jusque sur le *Pour tous*, il jette sa grande ombre ;
Sans cesse, d'Artagnan, éblouissant ou sombre,
    Sur le seuil du siècle est debout !

Et puis, quand de la scène explorant le domaine,
De Fournier à Chilly le titi se promène,
Chantant : « *Mon Institut, à moi, c'est ma maison!* »
S'il consulte des yeux l'affiche du théâtre,
Toujours il voit briller un nom qu'il idolâtre ;
C'est Garibaldumas qui passe à l'horizon!

CHARLES BRIERRE (1862).

FONTALLARD (1)

Fontallard balladait : les *maq'reaux* (2) les plus chouettes
Au niveau de ses *paffs* venaient courber leurs têtes,
  Chacun disait : « Oh ! le voilà ! »
Soudain une *maq'relle* étique de disette,
Fendit la foule, prit son engin par la tête,
  Et voici comme ell' *jaspina* :

« Camille Fontallard, des *poissons* le monarque,
Qui règnes au bordel sur la première *largue*,
  Dont le grand vit toujours grandit !
Ecoute-moi, *dos-vert* de ces putains sans nombre,
Ombre du grand Thomas qui de Priape est l'ombre,
  Tu n'es qu'un chien, et qu'un pourri!

---

(1) Camille Fontallard, frère du caricaturiste, et ami de Nadar. — L'amitié de Nadar est une sorte de Légion d'honneur.

(2) Pour tous les mots en italique de cette pièce et de la suivante, voir le *Dictionnaire érotique moderne* et le *Dictionnaire de la langue verte* du professeur de langues Alfred Delvau. Ce n'est pas ici, mais chez Dentu, que nous lui ferons concurrence, — après le rétablissement des *Galeries de bois*.

Les fleurons de Vénus te servent d'auréole,
Comme un vase trop plein, tu répands ta vérole
    Sur tout un peuple frémissant;
Tu brilles au *persil* comme une faulx dans l'herbe,
Tu procures le *taf* au *barbillon* imberbe,
    Et tu ne vis qu'en l'*esbrouffant.*

« Ta pine penche et tombe ; au livre de tes crimes
Un enculé lira le nom de tes victimes;
    Tu les verras autour de toi
Ces spectres noirs du pus qui n'est plus dans leur couille,
Se presser, plus nombreux que l'asticot qui grouille
    Sur un mou de veau plein d'effroi ! »

Camille au bout du bras avait un poing solide,
Un jonc plombé, — pareil à lui, — pour la perfide,
    Dans sa *profonde* un long poignard, —
Il écouta la vieille et lui laissa tout dire,
Pencha son front rêveur, puis avec un sourire,
    Lui foutit sa botte au *fignard.*

DUMOULIN-DARCY.

LE CHANT DU DÉPART

Air : *A la Grâce de Dieu.*

Quoi ! pour aller danser, ma chère,
V'là que tu lâches le *persil*
Et que du *barbillon*, ton père,
Tu ne gardes aucun souci.
Pourtant, en proie à la débine,
Mes habits tombent en lambeaux ;

Toi-même, tu n'es pas *rupine*,
Tu n'as plus d'*frusques*; il t'en faut!
    Va, ma *marmite*, adieu!
    A la grâce de Dieu!

Tu passes toutes tes soirées
Chez Danton, le marchand de vin;
Les autres femmes, plus rusées,
Travaillent du soir au matin;
Si tu ne changes pas, ma chère,
Nous finirons tous deux très-mal,
Nous ferons toujours maigre chère
Et raidirons à l'hôpital.
    Va, etc.

Tu m'as promis d'être gentille,
A l'avenir, sois-le toujours;
Rien qu' trois heures par soir *persille*,
Et nous reverrons nos beaux jours.
Travaille bien, prends ta *lichette*,
La *lichette* donne du cœur,
Et, s'il le faut, tends ta *rosette*,
Cela te portera bonheur!
    Va, ma *marmite*, adieu!
    A la grâce de Dieu!

In.

MARIAGE DE CONVENANCES

Un éléphant se balançait
Sur une toile d'araignée,

Voyant qu'il se divertissait,
Une mouche en fut indignée :
— « Monstre ! peux-tu tu réjouir
Quand tu me vois dans la souffrance ?
Eléphant, viens me secourir,
Ma main sera ta récompense ! »

A.

LA CHANSON DE L'OURCINE

poëme en vingt chants.

I

En entrant à l'Ourcin' n'ayez pas l'air timide :
Demandez au portier par où qu'y faut passer.

REFRAIN :

Ah ! monsieur *Culaurié*,
Pour voir mon bien-aimé,
Signez-moi ma sortie,
Que j'aille fair' la vie !

II

En entrant à l'Ourcine, j'avais la cristalline,
J'avais chancres, poulain et la vérole en plein.

III

En entrant dans la salle, sur un lit on m'installe...
J'avais les jamb's en l'air, comme un vrai réverbère.

IV

Le jour de grand' visite, mon petit cœur palpite,
De voir des carabins, les speculums en mains !

V

Gardez tout' votr' bricole, je n'ai pas la vérole;
Gardez votre charpi', vos cataplasm's aussi.

VI

A l'Ourcin' je m'console, je guéris ma vérole,
J'effile la charpie, assise sur mon lit.

VII

Adieu, monsieur *Baptiste*, je n'ai plus la *chaud' piste*,
Vous pouvez me signer, jamais plus n'reviendrai !

VIII

Adieu, monsieur *Chipau*, avec ton air macq'reau,
Tu n'me mettras donc plus tous tes tampons dans l'cu !

IX

Adieu, monsieur *Guérin*, avec ton air malin,
Tu n'me mettras donc plus ton speculum dans l'cu !

X

Adieu, monsieur *Picard*, avec ton air grognard,
Tu n'diras plus qu't'as vu que j'me branlais le cu !

XI

Adieu donc la baigneuse, avec ta min' moqueuse,
Tu ne r'garderas plus les quatr' poils de mon cu !

XII

Adieu, mèr' *Saint-Michel*, avec ton air *pucelle*,
Tu ne me diras plus : « Eh ! petite, au Salut ! »

XIII

Adieu, mèr' *Saint-Bernard*, avec ton air gog'nard,
Tu ne me diras plus : « Petit', mets ton fichu ! »

XIV

Adieu, mèr' *Saint-Bruno*, avec ton dos d'chameau,
Tu ne me mettras plus à la diète absolu' !

XV

Adieu, mèr' *Saint-Euchère*, quoique tu soy' bonn' mère,
La salle *Saint-Clément* ne vaut pas mon amant !

XVI

Adieu, mèr' *Saint-Justin*, avec ton air putain,
N'y a plus d'communauté pour te faire enculer !

XVII

Adieu, m'sieu l'économe, la soupe n'est pas bonne ;
Ton bouillon, ton rata, m'font mal à l'estomac.

XVIII

Adieu, m'sieu *Desjardins*, avec ton air malin,
Tu ne me diras plus : « Petite, où restes-tu ? »

XIX

Adieu, m'sieu l'directeur, avec ton air *batteur*,
Tu ne me diras plus : « Petit', ne reviens plus ! »

XX

Adieu, l'Ourcine, adieu, je te maudis,
Et ton sal' bœuf aussi !!!

A.

BULLETIN DE LA GRANDE ARMEE

Les morpions ont déclaré
La guerre à notre chambrière ;
Il y en a cinq à six cents,
Tant par devant que par derrière....
— Morpions ! petites bêtes,
Voyez que vous avez tort
D'avoir allumé la guerre
Tout à l'entour de son fort.

Le cap'tain' des morpions
Assembl' tout son équipage :
« Amis, dit-il, du courage ;
Si bataille nous gagnons,
Nous bâtirons citadelle
Sur la motte de son con ! »

La belle qu'a z'entendu ça,
A z'agi de grande finesse :
De l'onguent gris elle acheta
Et pour deux yards de vieille graisse.
Elle s'en a frotté la fesse,
Tant par derrièr' que par devant...
Les morpions ont levé l'siége,
Mèche allumée, tambour battant.

Le cap'tain' des morpions
Franchit bastions, palissades ;
Bien fâché de s'en aller,
Fit trois fois le tour du fort,

Mais le pauvre misérable
Au trou du cul tomba mort...

ALFRED VERNET, dit le GRILLON DES SALONS.

LAMENTATIONS D'UN MORPION

Dans les poils grisonnants d'un sergent invalide,
Un morpion vivait, entouré de ses fils.
Sa vie ainsi coulait, comme un ruisseau limpide....
Mais un jour le sergent se frotta d'onguent gris....

Quand le jour éclaira cette scène funeste,
Le morpion, couché sur ses fils expirants :
« De vous, mes chers enfants, voilà donc ce qui reste ! »
Dit-il en sanglottant, et sortit à pas lents.

Le vieux sergent pourtant d'un œil troublé contemple
Son pantalon qu'il croit encore être habité ;
Passe un marchand d'habits, qui vous emporte au Temple
Culotte et morpion tout désorienté.

Le pauvre morpion fit donc cette remarque :
« C'est au Temple, qu'avant de marcher à la mort,
Ainsi que moi fut mis un malheureux monarque...
Dieux, pouvais-je prévoir un aussi triste sort !

« Moi qui suivis partout les couilles du grand homme,
Moi qui vis Austerlitz, Wagram et Marengo,
Quand l'univers pour nous fut un vaste hippodrome,
Faut-il qu'au Temple aussi je trouve un Waterloo ! »

Mais non, un groom anglais, ami du confortable,
Achète la culotte et s'embarque à Calais;
Le pâle morpion, que le besoin accable,
Dut mendier sa vie aux couilles d'un Anglais!

« Un Anglais! disait-il, sentant sa vieille haine
Se ranimer encor en son cœur ulcéré,
Pour ronger tes couillons, geôlier de Saint-Hélène,
Grands dieux! de tous les miens que ne suis-je entouré!

« Mais non, je pars; adieu, bannissons l'espérance;
A tous ceux que j'aimais j'adresse mes adieux;
Jamais, vieux morpion, tu ne verras la France;
Jamais la main d'un fils ne fermera tes yeux! »

Adrien Decourcelle.

L'IDYLLE DU BAL MABILLE

Les jardins de monsieur Mabille
Sont fort courus par ces beaux jours;
Mainte jeune fille nubile
Qu'escortent des essaims d'amours,
Levant le pied jusques aux lustres,
Seins rebondis, robustes flancs,
Séduit des jeunes gens illustres,
Qui l'épousent : total, vingt francs.

A. (1865).

L'AIGUILLE

Une étrange nouvelle est ici parvenue.
On prétend, qu'embusquée au milieu d'un fauteuil,
Une aiguille a piqué votre chair blanche et nue
Dans un endroit soustrait au profane coup d'œil.

Pardonnez-lui, madame, un crime involontaire,
Un acte non commis dans un but libertin ;
Sans doute, elle croyait remplir son ministère
Et n'être pas coupable en piquant du satin.

Grâce à Dieu, de la peur que vous aviez conçue
Il ne vous reste plus qu'un piquant souvenir,
Et cette histoire a pris une comique issue,
Tandis qu'elle pouvait tragiquement finir.

Ah ! madame, pour vous quelle triste aventure,
Quel deuil pour votre époux, si, s'égarant ailleurs,
Cette aiguille exercée à l'œuvre des tailleurs,
Au lieu de faire un point, eût fait une couture !

A.-M. Barthélemy.

A PROPOS DE LA FULMINADE DE M. DUPIN

CONTRE LE LUXE DES FEMMES

Vieux Dupin, en vain tu fulmines
Dans ton petit livre à deux sous ;
Tu tapes sur les crinolines
Ne pouvant plus taper dessous.

Id. (1865).

QUATRAIN A AJOUTER A CEUX DE PYBRAC

De la prodigalité
    Fait-on sa manie,
On ne mit rien de côté...
    Que l'économie.

DUPIN AÎNÉ.

LE TELEGRAPHE AERIEN D C D

Tout se dit avec l'A B C,
L'A B C partout F E T.
Longtemps par le sort K O T,
Nous cesserons de V G T.
Le télégraphe est A J T ;
De fureur il est R I C ;
Il ne peut supporter l'I D
Que du monde il est F A C.
Oui, malgré son R E B T,
Trop longtemps il nous R S T,
Debout comme une D I T.
Vieillard que le temps A K O,
C'est une affaire d'S I D :
Son F I J est même O T,
De lui nous allons R I T,
Car il est enfin D C D !

ALEXANDRE FLAN (1855).

LE RÉALISME
Triolets burlesques.

L'école où Champfleury fleurit
N'est pas un champ, mais une grève ;
Le chardon y pousse et nourrit
L'école où Champfleury fleurit.
Le réalisme qui pourrit
Sur cette grève rêve et crève ;
L'école où Champfleury fleurit
N'est pas un champ, mais une grève.

Sainte-Beuve aime *Bovary* ;
Cet arbitre du beau varie ;
Au risque d'un charivari,
Sainte-Beuve aime *Bovary*.
Cuvillier, beaucoup moins fleuri,
Traite *Bovary* d'avarie ;
Sainte-Beuve aime *Bovary*,
Cet arbitre du beau varie.

La foire d'Ornans n'a plus cours,
Courbet en est pour ses courbettes ;
Tous ses courtiers sont restés courts,
La foire d'Ornans n'a plus cours.
Courbet, ce Court des basses-cours,
Trouve la ville et la cour bêtes ;
La foire d'Ornans n'a plus cours,
Courbet en est pour ses courbettes.

A. (1861).

LA MORT

SATYRE (1).

Au docteur A......

> « C'est une chose qui ne nous regarde
> en aucune façon, puisque pendant que nous
> sommes, elle n'est point, et que, dès qu'elle
> est, nous ne sommes plus. »
>
> ÉPICURE.

Mourir, mon cher docteur, c'est le commun destin.
Les hommes n'ont qu'un jour, les fleurs n'ont qu'un matin;
Rien ne reste debout, rien ; tout périt, tout tombe,
Et par divers chemins tout se rend à la tombe !
Voilà ce que l'on sait; mais ce qu'on ne sait pas,
C'est le destin de l'homme au delà du trépas.
Pourtant des insensés, chercheurs de nouveaux mondes,
Ont fouillé, de tout temps, dans ces choses profondes.
Vains et tristes efforts !... Ils ont fouillé si bien,
Et si bien raisonné, que nous ne savons rien.
Mais pourquoi ces savants, dont je plains la sottise,
N'étaient-ils, comme moi, chantres dans une église ?
Ils sauraient !... ils verraient !... et leur cœur éclairé
Bénirait les sermons de monsieur le curé.
Ah ! quel homme ! docteur, — c'est la science infuse !
Et douter, après lui, c'est être sans excuse.
Il nomme, après la mort, trois lieux où nous irons :
L'Enfer, pour les méchants, les docteurs, les larrons,
Car si quelqu'un, là-haut, mérite récompense,
Ce n'est pas toi, mon cher, ni tes pareils, je pense;

---

(1) Publiée dans le journal le *Cadet Roussel*, du 8 avril 1855. Elle
valut à son auteur une condamnation à un an de prison et cinq cents
francs d'amende.

— Le Ciel pour les bigots, les jésuites, les purs,
Et pour tous les curés passés, présents, futurs ;
C'est du moins ce qu'il dit ; — enfin, le Purgatoire,
Antichambre céleste, Enfer expiatoire,
Où les gens comme moi seront tous embrochés,
Pour se purifier de leurs petits péchés.

Telle est, en peu de mots, cette triple doctrine
Qu'il explique au moyen de latin de cuisine ;
Mais il parle si bien, si bien sur tout cela,
Qu'on dirait qu'il revient de ces trois pays-là !

Croirons-nous ce qu'il dit, docteur ? A Dieu ne plaise !
Il peut, tant qu'il voudra, pérorer à son aise,
Invoquer là-dessus les gens de son parti,
J'affirme qu'il se trompe ou qu'il en a menti.
Aussi, je mets l'Enfer, le Ciel, le Purgatoire
Au rang des visions impossibles à croire.
Je sais bien qu'animé d'une sainte fureur,
Il va crier soudain que je lui fais horreur ;
Que je suis un impie, un homme abominable...
Sans l'Enfer, me dit-il, que devient le coupable ?
Que devient le méchant ? — Cela m'importe peu.
Je laisse ces gens-là s'arranger avec Dieu ;
Et si, dans sa justice, il frappe l'un et l'autre,
Sa façon de punir ne peut être la vôtre.
Je ne croirai jamais que le Dieu de bonté
S'amuse à nous griller pendant l'éternité.
Non, mon révérend père, un bourreau si féroce
Ne peut être inventé que par le sacerdoce.

— Mais, pendard, me dit-il, si notre Ciel n'est plus,
Comment récompenser les saints et les élus ?

— Pardonnons-lui, docteur, il ignore, je pense,
Que l'honnête homme en soi trouve sa récompense ;
Que le plus grand bienfait qu'il puisse concevoir,
Est justement celui de n'en point recevoir,
La vertu se suffit, — c'est là son caractère, —
Et n'attend rien du Ciel au sortir de la Terre...

— Fort bien, me diras-tu, je t'accorde ce point ;
Mais notre âme meurt-elle ou ne meurt-elle point ?

— Ceci, mon cher docteur, n'est pas la même affaire.
Laissons donc un instant mon curé dans sa chaire,
Et répondons pour lui. Voici ce qu'un ancien (1),
Un prophète inspiré, qui parlait peu, mais bien,
A transmis, d'âge en âge, aux nations profanes :
« Notre âme est le produit du jeu de nos organes.
Dire que ce produit, qui naît avec le corps,
Vit, lorsque la machine a brisé ses ressorts,
Est un roman fort beau, mais cent fois chimérique. »
Si cet homme se trompe, il est du moins logique.

— En sorte, diras-tu, que l'immortalité
Est un rêve que l'homme a jadis inventé ?
— Je le crois. —Ton curé, qui parle comme un livre,
Affirme, cependant, que l'on doit toujours vivre.

— Je sais bien qu'il le dit, mais il a ses raisons.
S'il prêchait le contraire, adieu les oraisons,
Les *Pater*, les *Ave*, les offrandes, les quêtes ;

---

(1) Boudh ou Fot, le fondateur du Boudhisme, il y a vingt-huit siècles.

Son commerce irait mal, même le jour des fêtes,
L'eau bénite et l'autel ne produiraient plus rien ;
Ces innombrables troncs qui rapportent si bien,
Seraient toujours à sec, et le clergé, sans doute,
Se verrait obligé de faire banqueroute.
C'est donc par intérêt que, du haut de l'autel,
Il crie à tous les sots que l'homme est immortel.
Aussi, depuis longtemps le monde s'en défie.

— Très-bien, répondras-tu, mais la philosophie
Sur ce point difficile est avec lui d'accord.

— Il est vrai que, jaloux de vivre après la mort,
Nous avons décrété l'éternité de l'âme.
Pythagore l'admet, Socrate la proclame ;
Aristote, Platon, toute l'antiquité
Se dresse pour conclure à l'immortalité ;
Mais tous leurs beaux discours n'ont rien qui nous émeuve,
Ils sont une croyance, et non pas une preuve ;
Comment prouver ?... La mort, ce jour sans lendemain,
Est l'énigme sans mot jetée au genre humain ;
Et quand l'esprit de l'homme en sonde le mystère,
Quelque profond qu'il soit, cet esprit doit se taire.
Savons-nous les secrets de la divinité ?
Dans la nuit du cercueil avons-nous habité ?
Mais l'homme a toujours eu cette étrange manie,
Il faut une doctrine à son petit génie.
Aussi, que de bavards expliquent le trépas !...
Où règnent tant d'avis, la vérité n'est pas.
Epicure soutient que l'âme est corporelle.
D'autres, continuant cette vieille querelle,

Ont prétendu que l'homme était un animal,
Et ce n'étaient pas ceux qui parlaient le plus mal.

— Comment, dit mon curé qui me cherche dispute,
Vous osez mettre l'homme au niveau de la brute?
L'homme dont la pensée... — Oui, je l'ose, en effet.
Je conviens seulement que l'homme est plus parfait;
Voilà tout. La nature est une échelle immense;
Chaque être est un degré qui finit et commence;
L'homme est en haut, d'accord, mais il ne s'en suit pas
Que l'homme, plus qu'un chien, vive après le trépas.
Vous aurez beau tourner et creuser votre tête:
C'est le même ouvrier qui fit l'homme et la bête,
Et quand, de tous côtés, de la terre au soleil,
La nature frémit sous un souffle pareil,
Pourquoi voulez-vous donc que ce souffle périsse
Ou ne périsse pas, selon votre caprice?
Qu'il soit, dans l'animal, mortel et limité,
Et qu'il jouisse en vous de l'immortalité?
Mon père, répondez... quel orgueil vous enivre?
Si l'animal périt, pourquoi voulez-vous vivre?

Ce que le sens commun nous démontre, docteur,
C'est que tout, ici-bas, retourne à son auteur;
C'est que rien ne se perd dans la nature entière,
Que la matière rentre au sein de la matière;
Tandis que notre esprit, qui n'a point de tombeau,
Remonte vers l'Esprit, ce lumineux flambeau!
Mais que devenons-nous?... Où vont le corps et l'âme?
Au foyer qui s'éteint demande où va la flamme.
Personne n'en sait rien. Ce qui périt alors,

Ce n'est, en vérité, ni l'âme ni le corps;
C'est notre individu; le moi, l'être qui pense;
Détruisez la pensée, il n'est plus d'existence.
L'homme devient alors à l'état d'élément;
Mais encore une fois, dans quel ordre, et comment?
Est-ce avec lui que Dieu fait l'insecte ou la rose?

— Te voilà, diras-tu, dans la métempsycose.
— N'en ris pas, ce système était bien inspiré.
S'il existait encor, l'âme de mon curé,
Pour soutenir des faits que le bon sens condamne,
Irait loger un jour dans la tête d'un âne;
Je me trompe, elle irait dans un autre animal;
Car, la métempsycose, en punissant le mal,
Se servait d'un moyen plus adroit le nôtre,
Et l'âme d'un baudet n'allait pas dans un autre.

O Mort! quand tu voudras tu peux franchir mon seuil,
Tu peux creuser ma tombe et clouer mon cercueil;
Le juste qui s'apprête à recevoir la palme,
Ne te recevra pas avec un plus grand calme!

AUGUSTE ROUSSEL.

A MES JUGES
EPITRE (1)

Juges et président, dévots, hommes de bien,
Et vous, cher procureur, qui pérorez si bien
Quand sur moi vous vengez la morale et la mître,
De ma reconnaissance acceptez cette épître.

(1) A propos de la satire précédente, et, bien entendu, inédite.

Est-il vrai ? juste ciel ! un an sous les verroux ?
Comment puis-je jamais m'acquitter envers vous ?
Maltraité jusqu'ici par l'aveugle fortune,
Je vivais sans demeure, et vous m'en offrez une ;
Je n'avais point de table, et votre charité
Va, pendant douze mois, nourrir ma pauvreté.
O généreux mortels ! quel amour vous transporte !
J'aurai même un laquais chargé d'ouvrir ma porte !

Sans doute, les dévots qui réfléchissent peu,
Pensent que vous vengez la cause de leur dieu ;
Mais moi, qui de vos cœurs ai deviné la ruse,
Je sais que vous vengez la cause de ma muse ;
De là votre procès ; ne me dites pas non,
Vous l'avez intenté pour illustrer mon nom,
Pour hâter le grand jour de ma gloire future.
Merci ! nobles soutiens de la magistrature,
Lumières de justice, étoiles d'équité,
Vous êtes les soleils de ma célébrité.
Que de bonté, messieurs ! Je devrais, quand j'y pense,
Vous accabler cent fois de ma reconnaissance.

Mais pourquoi sur mes vers noblement trépassés
Vos augustes regards se sont-ils abaissés ?
On dit que l'*Univers*, par une grâce insigne,
(A ce nom trois fois saint, souffrez que je me signe),
Aurait auprès de vous servi mes intérêts,
Et que ses rédacteurs, saintement indiscrets,
Offrant à l'Eternel mes vers en holocauste,
Vous les auraient, sous bande, adressés par la poste.
O pieux sacrifice ! ô sainte trahison !

Ils voulaient me conduire au ciel par la prison,
Et pour mieux se venger des traits de ma satyre,
Me donner en chrétien la palme du martyre.
C'était là, j'en suis sûr, leur charitable but,
Car ils ont de tout temps désiré mon salut.
Mais non, je crois plutôt, cœurs loyaux que vous êtes,
Que naturellement vous aimez les poëtes.
Eh bien ! je vous l'avoue en toute humilité,
Personne, jusqu'ici, ne s'en était douté.
Je m'explique à présent vos illustres suffrages.
Vous négligez le droit pour lire mes ouvrages,
Et vous vous êtes dit, car vous avez du goût :
Oh ! oh ! ce garçon-là n'écrit pas mal du tout.
Mais, hélas ! c'est en vain qu'il consume sa vie
Dans un long tête-à-tête avec la poésie,
Qu'il jette sa pensée aux échos d'alentour :
Les échos font silence, et tout le monde est sourd.
O siècle d'agio, siècle d'ingratitude !
Verrons-nous ce poëte, à peine à son prélude,
Disparaître avant l'heure, et sous le cyprès vert
Dormir entre Moreau, Malfilâtre et Gilbert ?
Non pas ; incriminons sa muse hostile au prêtre :
C'est l'unique moyen de le faire connaître.

Ainsi vous raisonniez, ô mes chers protecteurs ;
Et soudain, président, conseillers, rapporteurs
S'occupent d'écarter la nuit qui m'environne.
D'abord à l'audience on cite ma personne.
J'arrive, je pénètre aux pieds du tribunal,
Porteur d'un billet doux signé du sieur Loyal.
O spectacle imposant, dont mon âme est troublée !

Je vois de magistrats une illustre assemblée;
Chacun de ces messieurs, modeste et sans orgueil,
Trône avec majesté sur un large fauteuil.
Muse, trace leurs noms au temple de mémoire,
Et puisqu'ils ont daigné s'occuper de ma gloire,
Il est juste qu'au moins, par réciprocité,
Tu les fasses connaître à la postérité.

Et d'abord inscrivons maître Dupré-Lassalle,
Substitut éloquent, très-fort sur la morale;
C'est lui, c'est ce grand homme à cheval sur la loi,
Qui doit faire semblant de tonner contre moi.
Nommons Jourdain, Haton, magistrats pleins de zèle,
Le président Perrot, surnommé de Chézelle,
L'illustre Thévenin, l'éminent Froidefond,
Maître Oscar de Vallée, homme grave et profond.
Les voilà tous nommés d'une façon civile.
O pardon, j'oubliais l'austère Bonneville,
Destrem et Dupaty, d'Herbelot et Molin,
L'éloquent Dupeyrat et Gislain de Bontin.

Silence! au rapporteur la parole est donnée.
Déjà lisant tout haut mon œuvre infortunée,
Il traîne en chevrotant sa voix avec lenteur.
Dieu! que vous lisez bien, monsieur le rapporteur;
Qu'à propos votre voix marque bien la césure!
Mais pourquoi de mes vers allonger la mesure?
Leur rythme, à votre gré, n'est-il pas assez long?
De grâce, au nom sacré du Pinde et d'Apollon,
Monsieur le rapporteur, cessez votre lecture;
Je comprends la prison, mais non pas la torture.

Heureusement pour moi, monsieur le procureur
Va parler à son tour, sans se mettre en fureur;
Il discute le fait d'un air grave et capable.
Selon ce grand esprit, l'auteur est bien coupable;
Dieu, le ciel, la morale, il a tout outragé.
Que dis-je, il a fait plus, il a ri du clergé!
Sur ce, prenant l'article, il en tord chaque terme,
Afin d'en exprimer le délit qu'il renferme.
Chaque mot lui révèle un forfait odieux,
Il n'est point de virgule innocente à ses yeux,
Et la plupart des points dont il se scandalise
Sont autant de boulets que je lance à l'Eglise.

A ce bel argument mon avocat répond;
Mais comment terrasser un homme aussi profond?
O toi, qui noblement au rimeur sans ressource
Offres ton amitié, ton estime et ta bourse,
Que viens-tu faire ici? Me défendre? à quoi bon!
Monsieur le procureur aura toujours raison.
Vois avec quelle adresse, au milieu de mes rimes,
Il flaire des délits et rencontre des crimes;
Qu'il parle savamment sur l'immortalité,
Et prenant en pitié ma faible autorité,
Prêche bien sur l'Enfer et sur le Purgatoire,
Moins terribles tous deux que son réquisitoire.
Comment veux-tu lutter contre un homme aussi fort?
Apprends qu'un procureur ne saurait avoir tort.
Et d'ailleurs, quel que soit le droit de la défense,
Crois-tu qu'on va daigner t'écouter en silence,
Te laisser discuter mes vers incriminés?
Prends-tu donc ces messieurs pour des esprits bornés?

Ils te feront bien voir qu'il n'est pas nécessaire,
Pour bien rendre un arrêt, de connaître une affaire.
Aussi je rends hommage à leur habileté,
Car jamais défenseur ne fut moins écouté.
S'il veut citer la Bible en faveur de ma cause,
Monsieur le président à ce désir s'oppose ;
Il se fâche, il s'emporte, et veut absolument
Que la même pensée et le même argument
Soient très-mal dans mes vers et très-bien dans la Bible.
Monsieur le président est parfois bien risible.
Quel homme ingénieux que ce monsieur Gislain !
Esprit très-charitable, à la malice enclin,
Il fait des calembours sur tous ceux qu'il condamne ;
Ses discours sont ornés de charmants coq-à-l'âne,
D'excellents jeux de mots, dont personne ne rit ;
Ah ! Gislain de Bontin, que vous avez d'esprit !

Cependant, au milieu d'une horrible tempête,
Vingt fois mon défenseur recommence et s'arrête ;
S'il veut lire mes vers, un *tolle* général
Accueille à son début ce projet immoral.
Le fougueux d'Herbelot, de son poing redoutable,
Frappe à coups redoublés sur l'angle de la table ;
Et le pieux Oscar, dans une sainte ardeur,
Demande le huis-clos, au nom de la pudeur.
Le mot chien à lui seul excite un long murmure.
Destrem (qui le croirait en voyant sa figure?)
Bondit sur son fauteuil à cette expression.
Eh quoi ! le prendrait-il pour une allusion ?
Honorable Destrem, c'est faux, je le déclare ;
Mais s'il est vrai qu'au chien ma muse vous compare,

Je sais qui de vous deux avec plus de raison
A droit de s'offenser de la comparaison.
Quoiqu'il en soit, on crie, on gesticule, on beugle,
Dupeyrat, animé d'une colère aveugle,
En signe de mépris se tourne de côté.
Perrot, le bon Perrot lui-même est irrité.
L'éminent Froidefond saintement se courrouce,
Jourdain rit de pitié, Molin crache, Haton tousse,
Et Bonneville, enfin, par un sublime effort,
Allonge les deux bras, s'étend, bâille et s'endort...
On dirait qu'il a lu quelque page instructive
De son fameux traité touchant la *Récidive*.

Pourtant, en dépit d'eux, mon malheureux ami
Se fait, tant bien que mal, écouter à demi,
Leur prouve, malgré tout, ma complète innocence.
Mais, ô ruse incroyable ! ô trait d'intelligence !
L'habile Thévenin, pour m'ôter tout espoir,
Tire alors de sa poche un perfide mouchoir,
Et troublant la défense en faveur de ma muse,
De son nez à grand bruit fait une cornemuse.
Il se mouche vingt fois sans discontinuer ;
S'il s'arrête un instant, c'est pour éternuer.
Eternuez, messieurs, et que Dieu vous bénisse !
O pauvre humanité ! voilà donc ta justice !

Mais où suis-je entraîné par mon aveugle erreur ?
Pardon, cher président ; pardon, cher procureur !
Comment puis-je accuser vos personnes augustes ?
J'oublie en ce moment que vous êtes injustes
Non pour le vain plaisir de faire un malheureux,

Mais pour montrer combien vous êtes généreux,
Et faire mieux servir, par un effort suprême,
A l'éclat de mon nom votre injustice même.
Ah! soyez tous bénis! une telle action
Mérite à tout jamais ma bénédiction.
Aussi, voyez plutôt quel effet admirable
Produit sur le public votre arrêt équitable.
A peine est-il rendu que tous les curieux
Avec plus d'intérêt tournent vers moi les yeux;
Ils proclament tout haut ma valeur littéraire;
On sort du tribunal, on court chez mon libraire,
Et mon nom, si longtemps dans l'ombre enseveli,
En un jour et par vous triomphe de l'oubli.
Oh! bienheureux procès! on me cite, on me nomme;
Hier j'étais obscur, et me voilà grand'homme,
Et tout cela gratis, sans rien qui m'ait coûté.
Peut-on pousser plus loin la générosité?
Quel journal à prix d'or m'en eût fait davantage?
Continuez, messieurs, achevez votre ouvrage;
Ne laissez pas s'éteindre un triomphe si beau,
Et si le diable, un jour, me dicte de nouveau
Ce style abominable, hérétique, profane,
Que le père Veuillot avec raison condamne,
Faites-moi le plaisir de me prendre au collet,
Et, pour mon châtiment, coffrez-moi, s'il vous plaît.
Placez-moi, de la sorte, au rang des plus célèbres.
C'est par l'oppression que l'on sort des ténèbres.
Encor quelques procès, et la postérité
Me couronne de gloire et d'immortalité!
Et vous, en qui le ciel a mis un beau délire,
Poëtes inconnus, qui chantez sur la lyre,

Qui, sans gloire et sans pain, mourez à l'hôpital,
Ah! ne redoutez plus un destin si fatal:
Il est des magistrats dont le cœur charitable
Vous donnera la gloire et le gîte et la table.

(Ip. 1855).

REQUETE D'UN CHANTRE DE St-MEDARD

A SON SUPÉRIEUR

POUR LA CONSERVATION DE SA BARBE

A monsieur l'abbé ***.

— Quoi! j'apprends que chez vous un Figaro moderne
Prétend faire la barbe à votre subalterne!
Fort bien, monsieur l'abbé; mais raisonnons un peu :
Les saints avaient la leur; et Jésus, votre Dieu,
Jésus, en fait de barbe, avait aussi la sienne;
Pourquoi donc voulez-vous que je coupe la mienne?
— Par la bonne raison, mon cher fils, direz-vous,
Qu'un chantre, en pareil cas, doit se régler sur nous.
— Je comprends, en effet, que vous vous passiez d'elle;
Vous avez tous les traits de l'auguste modèle,
Ses vertus, son esprit, le cœur, la voix, le ton;
Mais, moi, je n'ai de lui que la barbe au menton.
Encor la différence entre nous est profonde,
Car j'ai la barbe noire, et Jésus l'avait blonde.
Mais j'admets un instant que demain, par devoir,
Je la fasse tomber sous le fil du rasoir :
Avec la voix humaine aussitôt je divorce,
Et pour chanter, monsieur, je suis privé de force.

Toute la mienne est là ; croyez-en mes aveux.
Et pourquoi pas ? Samson l'avait dans les cheveux.
Respectez donc en moi cet ornement de l'homme.
Que voulez-vous? j'y tiens comme le pape à Rome.
C'est vous en dire assez. J'ai fini, je me tais.
Prenez ma tête, soit, mais ma barbe, jamais !

ID.

J'VOUDRAIS ETRE CHIEN

« Que les chiens sont heureux ! »
COLLÉ.

Air connu.

Pour vous, qui chantez à gogo
Des r'frains qui plais'nt à la Margot
Et sont prisés de tout' la *tine*,
Je résume en sept, huit couplets,
Le plus ardent de mes souhaits :
    J'voudrais êtr' chien,
  Car, du soir au matin,
Je pourrais me sucer la pine.

Que l'homme trouve le bonheur
Dans l'or, qui donne la grandeur,
Moi, j'aimerais mieux la débine,
A la condition, tout seul,
D'm'amuser comme un épagneul :
    J'voudrais êtr' chien, etc...

Etre homme est un mince agrément,
Surtout quand, par tempérament,

Il faut se branler la machine ;
Le célibat des animaux
Leur permet d'soulager leurs maux :
  J'voudrais êtr' chien, etc...

Un' femm' veuve a cela de bon,
Qu'ell' peut s'faire agacer l'bouton
Par le carlin de sa voisine ;
Nous autres ne l'pouvons vraiment,
Sans craindre au moins un coup de dent :
  J'voudrais êtr' chien, etc...

Quand je vois un chien sur le dos,
Sucer et lécher ses rouleaux,
Cramper en rampant sur l'échine,
Je me déboutonne et, soudain,
Je chante en m'secouant l'engin :
  J'voudrais être chien, etc...

Pourquoi, quand nos vits sont souffrants,
Somm's-nous forcés d'payer deux francs
Pour décharger dans un' coquine ?...
Quand de nos lèvres nous pourrions
Faire le plus étroit des cons :
  J'voudrais êtr' chien, etc...

Pour voir la fin d'nos maux affreux,
Confisons le bout de nos nœuds,
Les chiens s'en léch'ront la babine ;
C'est vexant, puisque l'proverb' dit
Qu'par soi-même on est mieux servi :
  J'voudrais êtr' chien, etc...

— Voudrais-tu, m'disait mon auteur,
Dev'nir bon peintre ou grand sculpteur,
Avocat, docteur en méd'cine,
Préfet, ministre, emp'reur...? — Oui-dà !
Je voudrais bien mieux que tout ça :
    J'voudrais êtr' chien, etc.

Si mon langage vous déplait,
Si vous trouvez chaque couplet
Ecrit en français... de cuisine,
Refait's-les, mais vraiment, je crois,
Qu'au refrain, vous direz comm' moi :
    J'voudrais être chien,
  Car, du soir au matin,
Je pourrais me sucer la pine.

Jules Choux.

LA PLUS FINE

Air : *Paris s'en va* (Colmance).

Héroïne de vaudeville,
Sujet de plus d'une chanson,
Tous les émules de Clairville
Me célèbrent à leur façon.
Au loin, certain peuple barbare
M'a franchement en bonne odeur :
En confiture il me prépare,
Et me savoure avec ardeur.

C'est moi qu'on nomme *la plus fine* ;
J'ai partout le droit de cité.

Chacun, aux *lieux* qu'il me destine, } *bis.*
Me rend hommage en liberté.

Mon nom le plus facile à dire
Est à la mode, quoique vieux ;
L'écolier sait à peine lire,
Qu'il l'écrit déjà de son mieux.
C'est grâce à lui que l'on se raille
Soi-même, et qu'on se raillera
Tant qu'on verra sur la muraille :
« *M...on nom pour celui qui lira.* »
  C'est moi qu'on nomme, etc.

Comme chacun veut, à la ronde,
Me visiter, le *cas* pressant,
Dans toutes les maisons du monde,
J'ai ma chambre au numéro *cent.*
Je possède maint pied-à-terre
Dans les gazons, au bord de l'eau ;
J'ai mon lit dans chaque rivière,
Dans la mer, le Rhône ou le *Pô...*
  C'est moi qu'on nomme, etc.

— Maman, murmurait une fille,
Pardonne, si j'ai pu pécher !
Mais Lucas me trouvait gentille,
Devais-je, hélas ! l'en empêcher ?
Il me serrait sur sa poitrine...
Ah ! j'ai lieu de m'en repentir !
Car, si j'eusse été *la plus fine,*
Il n'aurait pas pu me *sentir !*
  C'est moi qu'on nomme, etc.

Que me font noblesse ou roture !
Les humains subissent mes lois :
Pour eux, si parfois je suis *dure*,
Je suis douce et tendre parfois.
Quand vient le temps de la vendange,
Les vins nouveaux, dans leurs rougeurs,
Tiennent la colique en *vidange*...
C'est du *pain* pour mes *vendangeurs !*
    C'est moi qu'on nomme, etc.

De nos grands docteurs j'ai l'estime,
Car, avec eux, servant la loi,
Je donne la preuve d'un crime
Quand le poison réside en moi !
Je puis montrer aux incrédules
Des papiers où cent mille doigts
Ont, avec les *points* et *virgules*,
Fait l'abrégé de mes exploits.
    C'est moi qu'on nomme, etc.

Tout ici-bas n'est que poussière :
Il faut, le sort le veut ainsi,
Que tout retourne à la *matière ;*
Sans finir, j'y retourne aussi.
Mais, pendant que maint grand pöete
Meurt oublié dans la douleur,
Je me dessèche à *La Villette*,
Pour renaître dans une fleur !
    C'est moi qu'on nomme, etc.

Mon nom, que souvent en colère
Chacun jette à tort ou raison,

A son épouse, à sa portière,
A tous les gens d'une maison,
Les manants, dont la race abonde,
L'ont à pleine bouche... — Ma foi !
Je l'entends dire à tout le monde,
Et ne le prends jamais pour moi.

Car on me nomme *la plus fine* ;
J'ai partout le droit de cité.
Chacun, aux *lieux* qu'il me destine, ⎫
Me rend hommage en liberté. ⎭ bis.

ID.

GOUAPPEUR BIBON
PARODIE DU VIEUX VAGABOND DE BÉRANGER EN ARGOT

Air : *Maudit printemps.*

Dans ce profond, il faut que j'glisse !
J'dégomm' vioq', mouchique, esquinté.
M'croyant d'ché, l'baladeur m'épice :
Tant mieux ! d'ma panne y n'a jacté.
L'un m'planq' d'sa frime ou d'sa valade,
Par quelques ronds sait m'balancer...
Crampez-vous à la rigolade, ⎫
L'gouappeur bibon, sans vos zigu's peut glisser. ⎭ bis.

A nos massiers dans l'bastimage
Leurs trucs j'ai bonni de m'coquer ;
— Va, nous n'avons pas trop d'massage...
D'la pogn', dirent-ils, va trucquer !

— Rupins, vous qui me jactiez : Masse !
D'ratas farcissant mézigo,
Sur vot' fertill' j'ai tapé l'chasse :
Gouappeur bibon, je n'vous fais pas de r'naud !

J'pouvais grinchir, nièr' peu d'la fête....
Mais non, trucquer, c'est plus fadar.
Au plus, j'ai grinchi la surette
Qui fargue au bord du grand trimar.
Et pourtant, bouclage et liguotte,
De par le mec, m'agote au plan....
D'mon seul affur on me dépiote : —
Gouappeur bibon, à mézigue est l'luisant !

Pas d'paclin pour la roublard'rie !
Que m'font pivois et fertillés,
Votre esbrouffe et vott' marlous'rie,
Et vos jaspineurs enpiaulés ?
L'trottin planqué sur nos caillasses,
Quand le Kalmouck s'enmastoquait,
En gonz', j'ai lansquiné des chasses :
Gouappeur bibon, à becq'ter y m'coquait.

J'calanche ici d'bibasserie,
Parc' que d'pégrenne on n'canne nisco ;
Allumant, pour la roublard'rie,
Des esquintés l'dernier osto.
Mais chaqu' piaule en r'foule à Pantruche,
Tant le treppe est mal boulingué...
La trimarde fut ma dabuche...
Gouappeur bibon, glissons où j'fus flaqué !

Comme un coquillon qui morgane,
Que n'aplatissiez-vous l'gonsier ?
Ou plutôt, pour m'tirer d'la panne,
Au fad' du trepp' me rendr' massier ?
J'aurais pu, m'carrant d'la débine,
D'coquillons fournions m'camouffler...
Des frangins j'flair'rais tout' la tine : }
Gouappeur bibon, j'dégomm' sans vous r'niffler. } bis.

P. J'mar, DE BÉRANG'mar.
Traduction de JULES CHOUX et MARTIN (1845) (1).

(1) GOUAPPEUR BIBON
(VAGABOND VIEUX)

Dans ce trou (*fossé*) il faut que j'meure ;
J'finis vieux, infirme (*méprisé*), fatigué.
Me croyant saoul, l'*flaneur passant* m'épluche.
Tant mieux !... d'ma misère il n'a rien dit !
L'un m'cache sa figure ou sa poche,
Par quelques sous sait m'renvoyer,
— Cramponnez-vous à la rigolade (au plaisir) :
Le gouappeur vieux, sans vous, peut mourir !

A nos habiles dans le travail
Leur métier j'ai dit de m'donner :
— Va, nous n'avons pas trop d'ouvrage ;
D'la main, dirent-ils, va travailler (*mendier*) !
Riches, vous qui me disiez : Travaille !
D'restants nourrissant *mezigo* (*moi*),
Sur votre paille j'ai tapé l'œil (*dormi*)...
Gouappeur vieux, je n'vous fais pas de reproches.

J'pouvais voler, moi, peu d' la fête (*misérable*),
Mais non, mendier, c'est meilleur, plus agréable.
Au plus j'ai volé la pomme
Qui rougit au bord de *la route* (*grand chemin*),

TOUT UNE HISTOIRE

SOUVENIR

Air : *Mamzell' Lise.*

J'eus du bonheur certain jour ;
Je demandais son amour

Et pourtant, liens (*courroies et cordes*),
De par le roi... m'entraînent en prison ;
De mon seul bien on me dépouille !
Gouappeur vieux, à moi est le soleil !

Pas de pays pour la *gent misérable !*
Qui me font vins et *blés ? (paille fertilisée).*
Votre embarras, votre habileté,
Et vos bavards (*orateurs en chambre*) enpiaulés !
Le cheval remisé sur nos cailloux (*anciens petits pavés*),
Quand le Kalmouck s'engraissait (*à nos dépens*),
En imbécile j'ai pleuré (*plu des yeux*) :
Vagabond vieux, à manger il me donnait.

Je meurs ici de vieillesse,
Parce que de faim on n'meurt pas...
Guettant à la maison de refuge
Des fatigués le dernier mort (*sa place*)...
Mais chaque maison en regorge à Paris,
Tant le peuple est mal conduit (*gouverné*) !
La rue fut ma mère ;
Gouappeur vieux, mourons où je fus chié !

Comme un pou qui mord (*ou nuit*),
Que n'aplatissiez-vous l'intrus ?
Il fallait, pour me tirer d'la panne,
Au bien du peuple me rendre travailleur,
J'aurais pu, m'sauvant de la misère,
De poulets rôtis me nourrir...
Des *frères* je priserais toute la bande :
Gouappeur vieux, je meurs sans vous sentir !

J. CH.

A fillette blanche et rose,
Mamzell' Rose...
— Mamzell' Rose
Me donna la chose !

ID.

LE CHEVALIER DE NERCIAT

Le chevalier de Nerciat
Est un habile pornographe ;
Riche d'esprit et d'ortographe,
Le chevalier de Nerciat
Me fait, avec *Félicia*,
Bander à chaque paragraphe...
Le chevalier de Nerciat
Est un habile pornographe...

ID.

LA FESSE

Air : Moi, je flâne.

Pour la fesse
Je professe
Un goût assez sangrenu ;
O fesse,
Je le confesse,
Ton objet m'est trop connu !

Pour blason, sur mon écu,
Hélas ! n'ayant qu'une fesse,

Je ne puis, pour une *fesse* (1),
Péter plus haut que le cu;
Pourtant, lorsque d'une *fesse*
Je tiens le fessier dodu,
Chaque fesse que je fesse
Me coûte un petit écu...
  Pour la fesse, etc.

En dépit des envieux,
Francs buveurs aux rouges fesses,
Ne laissons jamais les *fèces* (2)
Au fond de notre vin vieux;
Et tout en tirant la *fèce*,
Amis, ce sera le lieu
De faire rougir la fesse
De tous nos fesse-mathieu.
  Pour la fesse, etc.

Je me vois interrompu,
Faute d'une rime en *esse*;
Hé bien! au diable la fesse!...
Quittons ce sujet crépu.
En badinant sur la fesse,
J'ai fait tout ce que j'ai pu;
Sur ma fesse je m'affaise,
Et je tombe sur mon cu.
  Pour la fesse, etc.

Si vous ne goûtez pas l'air
De ma chanson sur les fesses,

(1) Fesse, ici, veut dire femme; *moitié*, dans l'argot des voyous.
(2) Lie de vin.

D'un coup de pied dans les fesses
Flétrissez mon pet-en-l'air.
Dût-on me briser la fesse,
Je préfère, c'est bien clair,
Qu'on me trouve l'air jean-fesse,
Que d'avoir *l'effet sans l'air.*
   Pour la fesse
   Je professe
Un goût assez saugrenu ;
   O fesse,
   Je le confesse,
Ton sujet m'est trop connu !

    Et. Ducret et Jules Choux.

L'EPINE

Air : *Un homme, pour faire un tableau.*

En ce bas monde, il n'est, dit-on,
Pas une rose sans épine ;
Pourtant, je sais plus d'un tendron
Qui préfère au bouton l'épine...
Un buveur, j'en suis convaincu,
En vers chanterait la chopine...
D'autres vous ont chanté l'écu ;
Laissez-moi vous chanter l'épine.

Ecartez-vous des frais buissons,
Clarisse, il pourrait vous en cuire ;
En cueillant maints gentils boutons,
Parfois l'épine vous déchire...

Mais au doux buisson des amours
Heureux le tendron qui butine !
Car vous vous écartez toujours
Pour mieux laisser entrer l'épine.

Parfois, ma pauvre Madelon,
Certain souci vous turlupine...
Vous vous écriez : — Du talon
Qui me tirera cette épine ?
Laissez le maraudeur galant
Dans le verger faire rapine :
De la blessure, incontinent,
L'amour saura tirer l'épine.

Pour bien aller, prenez souvent
Force infusion d'aubépine ;
Mais en fait de bon mouvement,
Rien ne vaut la montre Lépine.
Au tribunal, en son jargon,
Chacun pour sa partie opine ;
Le chasseur parle du faucon,
Et l'architecte de sapine.

Bonnes mamans, plaignez, hélas !
Le sort de la pauvre Agrippine ;
En maint... et maints galants combats,
Vénus a perdu sa crépine...
On nous triche en tout, même en vin,
Et plus d'un manchon, j'imagine,
Qu'on croit être en peau de lapin,
N'est fait que de peau de lapine.

Un soir, qu'à l'ombre d'un buisson
Elle faisait la galopine,
On dit que ce damné Pluton
Fit le diable avec Proserpine.
Bref ! plus d'un moderne Actéon
Qui fait la chasse aux bécassines,
Bien souvent atteint de son plomb
Moins de lièvres que de lapines.

La femme est une épine aussi ;
Craignons leurs langues de vipères...
Il ne fait pas bon, Dieu merci !
Fourrer le nez dans leurs affaires...
Elles n'aiment qu'à critiquer,
Mais, femme ou branche d'églantine,
Pour ne pas se laisser piquer,
D'avance, messieurs, *ont l'épine.*

ETIENNE DUCRET.

LE P'TIOT QUIEN

HISTOIRE D'UN PUCELAGE NORMAND

Air : J'arrive à pied de province.

Un soir qu'j'avions la colique,
   J'tournions dans not' lit.
Ma jeune tant' Véronique
   S'réveillit au bruit :
— As-tu quéqu'chos' qui t'tourmente ;
   Réponds-mé, Zozo ?
— Oh ! voui ! que j'lui dis, ma tante,
   J'avons du bobo.

— Ton mal, fillot, m'fait d'la peine ;
  Et dans quel endroit?
— Au ventr', que j'lui dis, marraine.
  — Ah! dit-elle, c'est l'froid!
Viens-t'en près d'moi, mon p'tit homme,
  Mon lit est ben chaud ;
Et sitôt tu vas voir comme
  Je sais ben c'qu'il t'faut.

A deux mains j'saisis mon vente,
  Et j'marche en tâtant,
Puis, tout dret au lit d'ma tante,
  J'entre en guerlottant :
— Mets-toi le plus proch' possible,
  Me dit-elle, mon n'veu ;
Ton mal qui t'est si sensible
  Va fuir peu-z-à peu.

A peine fus-je eun' minute
  Tout près d'ell' comm'ça,
Qu'la coliqu' qui m'tarabuste
  S'diminu', s'en va.
Alors, il me prit envie
  D'savoir, pour tout d'bon,
La chos' qui différencie
  Un' fill' d'un garçon.

La premièr' chos' qui s'présente,
  J'jett' d'abord la main :
— Ah! que j'dis, c'est drôl', ma tante,
  Le seux' feuminin !

Quoi que j'tiens là ? Sont-c' des boules ?
    Oh ! les gros morciaux !
— Non, qu'all' répond, c'est des moules
    Pour fair' des capiaux.

J'ons seize ans, m'dis-je en moi-même,
    I'm'faut un métier ;
L'outil m'plaît, foi d'Nigodème !
    Je m'f'rons capelier.
J'tât' plus bas... j'sens eun' barbiche
    Qu'avait l'poil ben doux.
Tiens ! que j'dis, c'est un caniche
    Qu'est entre ses g'noux !

— Est-il ben méchant, ma tante,
    Vot' p'tiot canichon ?
— Non, que m'répond ma parente,
    C'est un vrai bichon.
N'sens-tu pas sa bouch' qu'est close ?
    Entre ton doigt d'dans...
— Tiens ! que j'dis, la drôl' de chose !
    Vout' quien n'a point d'dents !...

Apparemment qu'ma parente
    Voulut m'imiter ;
Car, d'une main caressante,
    All' s'mit à m'tâter.
Alors, j'sentons, jarnobille !
    Ma guiguitt' s'gonfler,
Devenir raid' comme eun' quille...
    Y' avait d'quoi trembler !

Quand je la vis aussi dure,
    Et grandi' d'moitié,
Bon! que j'me dis, c'est chos' sûre,
    Me v'là estropié!
I' faudra ben qu' j'en périsse,
    Ça n'va pus rentrer...
Et me v'là comme un jocrisse
    Qu'je m'mets à plûrer.

V'là marrain' qui s'met à rire,
    Mais à rir' comm' tout.
Puis, all' me dit : — Mon pauv' sire,
    Donn'-moi ton p'tiot bout.
Sur all' la v'là qui me couche,
    En m'tenant les flancs ;
Son p'tiot quien ouvre la bouche...
    Ma guiguitte est d'dans!...

Ah! que j'dis, la bonn' posture!
    Comme on est ben là!
N'y a pas d'aussi bonn' monture
    Qui vaille cell'-là!
J'irions, marrain', jusqu'à Londre,
    Sans désemparer...
Mais elle, au lieur de répondre,
    N'faisait qu'soupirer.

Voilà marrain' qui s'trémousse,
    Comm' prête à mouri...
Dam! j'sentions, à chaqu' secousse,
    R'doubler mon plaisi :

— Ah!... marrain'... comm'ça m'chatouille !
　Lui dis-j', tout ému...
V'là vout' épagneul qui m'mouille
　Et qui m'pisse au cul !

Un peu-z-après, ma chèr' tante
　M'dit : — Va te r'coucher.
Avant d'quitter ma parente,
　J'veux la pourlécher.
Ma souffrance étiont guérite,
　Et, c'qu'est surprenant,
C'est qu'ma guiguitt' s'trouv' petite
　Comme auparavant !

Les dimanch's, quand Véronique
　Vient coucher chez nous,
Ces jours-là j'ons la colique,
　Tant son r'mède est doux !
Lorsqu'all' part j'lui dis : — Marraine,
　Souv'nez-vous en ben :
Quand vous r'viendrez, à huitaine,
　Am'nez vot' p'tiot quien...

　　　　　Recueillie et refaite par
　　　　　Léon Charly (Léon Choux).

A UN MARI PAR CALCUL

En prenant une femme au maintien hébété,
Aussi plate que sèche et plus jaune que blanche,
Tu n'eus pas le bonheur dont tu t'étais flatté,
　De *trouver du pain sur la planche*.

　　　　　　　　　　Id.

DEMANDE

Cette nuit, de bonheur vous inondiez mon âme ;
Le réveil a laissé mon rêve inachevé...
    Quand me donnerez-vous, madame,
    La fin de ce que j'ai rêvé ?

EFFET DE MAIN

Votre main charmante, madame,
De nous tous vous fait des sujets ;
Elle est microscopique, et dame !
Elle fait grossir les objets.

Id.

MADRIGAL OBSIDIONAL

Paris a des forts détachés,
C'est pour défendre sa ceinture ;
Et vous avez une ceinture
Pour garder vos forts détachés !

Id.

A LÉONIDE LEBLANC

Gloire d'Ophir, sertie ou nue,
Regard masturbateur de nos sens aux abois,
Pourquoi faut-il, perle trop reconnue,
    Qu'on t'ait montée autant de fois (1) !

Id.

(1) Oh ! l'égoïste ! — Mais puisque perle il y a, une adecdote.
Le collier de perles de mademoiselle Léonide Leblanc s'étant défilé,

EN LISANT *L'ANE, JOURNAL DES EBATS*

Je me pique très-fort de n'être point profane,
Je suis crédule à tout, même à ce qui n'est pas,
Mais je doute, en lisant le *Journal des Ébats*,
    De *l'immortalité de l'Âne*.

ID. (1862).

HIPPOLYTE CI-DEVANT H. (HENRI) DE VILLEMESSANT

LOUP-GAROU

Hippolyte, champion de la presse outragée,
A pour lui son épée et son cou de taureau.
Imitant sa pléthore, autour de lui rangée,
La jeune école attend qu'il vide le fourreau.

Toute insulte aussitôt fut par lui corrigée ;
La justice en plastron réside à son bureau ;
De duel en duel, il créa *Figaro*,
Feuille par B. Jouvin, né Thémis, rédigée !

« Mon but de justicier n'est pas encor atteint,
Dit-il ; trop de vivants attisent ma colère...
Donnons à la critique un soufflet exemplaire... »

Il provoque aussitôt un mort napolitain (1),

---

pendant un souper, elle en prit une, et faisant la Cléopâtre : — Je donne la perle... qui fournit le vinaigre ?
  M. PAUL MAHALIN, empressé ; — Je fournis le nègre.

(1) Pier-Angelo Fiorentino, canaille à l'italienne. — Que ne l'était-il à la française !

Se fend vers l'Italie...... et, d'une botte sûre,
Il lui fait dans la tombe une large blessure...

ID. (1865).

LE MAC INTEMPESTIF

Air : *Quel cochon d'enfant* (de Colmance).

Un soir, dans la rue aux Fèves,
    Près d'un bousingot,
Un' putain me suc' les lèvres,
    M'fait l'offr' du dodo.
Pour deux pépett's je me risque
    Dans son sal' poussier,
Et comm' d'amour-propr' je m'pique,
    Je la fais laver.

Déjà j'prenais un à-compte :
    Pan ! pan ! dans la rue ;
Puis dans l'escalier on monte.
    La putain en rut
Me dit : — Fourr'-toi dans la ruelle,
    Voilà mon maqu'reau !
Et moi, par amour pour elle,
    Je m'fourr' près du pot.

Deux coups d'bottes dedans la porte
    La font chavirer,
Puis à son entrée il rote,
    (Manièr' de saluer !)
Cell' qui règne sur son âme
    Répond par un pet ;

Puis à son cou saut' la femme,
 Mais il lui dit : — Paie !

— Du grand duff ! répond la belle,
 Tu auras ton prêt;
Souffle vite la chandelle,
 Recur' ton potet...
N'y a pas d'danger, le cochon,
 Qu'il se fass' prier,
Car j'entends son ravageon
 Dans son cul râcler.

Mais bientôt l'artist' s'anime,
 Flac, flac, flac, reflaque...
J'entends la terrible pine
 Et la couill' qui pouaque.
Ah ! ah ! ah !... voilà qu'ell' jouit...
 Mais la sangle cassé...
De crainte et de froid transi,
 Je leur sers d'atlas.

Par une heureus' circonstance,
 L'maqu'reau va aux lieux;
Je profit' de son absence,
 M'en trouvant au mieux.
A la hâte je m'habille,
 Et je m'cours soudain,
Et sans demander ma bille,
 J'maudis la putain !

SCHANNE.

OPINION DÉSINTÉRESSÉE
Air du Verre.

Le trou du cul, le trou du con,
Sont deux trous qui me semblent farces ;
Par l'un, on jouit du garçon,
Et par l'autre, on jouit des garces.
Tous les deux me sont défendus ;
Mais, puisqu'il faut que je me perde,
Je préfère le trou du cul,
Malgré mon dégoût pour la merde. (*bis.*)

BING.

LE COCU A LA COURSE

O Cupidon ! daigne inspirer ma muse :
Je vais chanter l'amour en un sapin ;
Car, comme ailleurs, dans un fiacre on s'amuse :
Dans le cahot naquit le genre humain.
C'était le jour des amours impudiques,
C'était dimanche, en revenant du bal ;
On s'amusait, et les danses lubriques
Se terminaient par un galop final.

Moi, pauvre hère à l'épaisse chaussure,
J'allais à pied, comme le Juif-Errant ;
Car si parfois on me voit en voiture,
C'est par derrière, où je monte en courant.
Je marchais donc, en regardant la lune,
Pour oublier la fatigue et l'ennui,
Quand, ô bonheur ! le char de la Fortune
A mon oreille a soudain retenti.

C'était un fiacre au fougueux attelage
Qui, ventre à terre, arpentait le pavé,
Et près de moi passait, comme un nuage...
En un instant je l'eus escaladé,
Je marmottais humblement ma prière,
Pour arriver sans encombre à bon port,
Tout en guettant la maudite lanière
Qui tant de fois me fit payer le port ;
Quand, tout à coup, la mouvante carcasse
Se balança d'une étrange façon ;
Un cran de plus, je volais dans l'espace !
Je m'accrochai, par bonheur, et tins bon...

En reprenant ma posture première,
Je voulus voir l'auteur du mouvement ;
Je regardai par le trou de derrière...
Ah ! laissez-moi respirer un moment.

O Cupidon ! puissant dieu que j'implore,
Il m'eût fallu plutôt fermer les yeux !
De mon malheur je douterais encore
Et je pourrais couler des jours heureux...
Mais reprenons cette histoire tragique.
Dans le sapin je plongeai mon regard,
Et j'aperçus un fessier magnifique,
Qu'il me semblait avoir vu quelque part...

Je le voyais, si crâne en sa posture,
A tour de reins témoigner son ardeur !
Un gros coquin, tout gonflé de luxure,
Bibitte en main, perforait sa pudeur.

En un instant, comme un accès de rage,
La volupté me pénètre soudain.
Mon trépignoir trépignait dans sa cage :
Pour l'apaiser, je n'avais qu'une main...
Je m'en servis pour écumer sa bile.
Veuve Poignet, sans vous, qu'aurais-je fait ?
Mais avec vous c'était chose facile,
Je m'y connais ; Suzon me l'apprenait ;
Et cependant, malgré mon habitude,
J'allais toujours, et je n'arrivais pas.
Me faudra-t-il en rester au prélude ?
Dis-je, en battant la charge à tour de bras.
C'était du feu qui coulait dans mes veines.
Notre cocher, sans vergogne et sans fard,
Sur ses coursiers laissait flotter les rênes,
Et des deux mains se polluait le dard.
Vous eussiez dit l'électrique machine,
Car nos coursiers, par l'odeur excités,
Au grand galop se bahutaient la pine,
Et tour à tour inondaient les pavés.

Ce fut alors une étrange cohue,
Des hurlements à réveiller les morts,
Et les passants supposaient de la rue
Les coups de cul qui rompaient les ressorts.
Mon seul désir était de voir en face
Cette beauté si lubrique, et jamais,
Pour le ruban, n'eusse donné ma place...
Fatalité, voilà bien de tes traits !
Le sacripant, pour redoubler la dose,
Avait changé de place, et cette fois,

De mes deux yeux, hélas ! je vis la chose,
Tout aussi bien qu'aujourd'hui je vous vois.
C'était ma femme, au retour d'un voyage,
Et qui devait n'arriver que demain...
Elle venait consoler mon veuvage,
Et pour cela se graissait le vagin.
Je fus tout près de me mettre en colère,
Mais je songeai que, pour me consoler,
L'autorité pourrait me faire taire,
En m'invitant, *dard dard*, à circuler.
Le plus prudent était, je crois, d'en rire :
En pareil cas, un mari se tient coi.
Je m'en allai me coucher sans rien dire,
Et vous engage à faire comme moi.

A.

LE MORCEAU

Air : *Du cabaret des trois lurons,*
Ou : *A genoux devant le soleil.*

Mes bons amis, de ma guimbarde
Ecoutez les sons glapissants,
Mais de me blâmer Dieu vous garde !
Soyez pour moi compatissants.
Ma muse, qui toujours sommeille,
Aujourd'hui s'éveille et sursaut ;
Un instant prêtez bien l'oreille,
Je vais vous chanter *un morceau*.

Ce morceau fait par sa facture
Les délices de l'Opéra,
Et, pour le plaisir qu'il procure,

C'est à qui s'en emparera.
Beautés que les désirs possèdent,
Belles qui voulez du nouveau,
Aux deux *bémols* qui le précèdent
Vous reconnaîtrez *ce morceau*.

Mon sujet, dans toutes les *gammes*,
Peut passer pour être amusant,
Mais c'est surtout chez vous, mesdames,
Que son effet est séduisant.
Dans tous les tons on vous le prouve :
Sur le *sol*, il est vraiment beau,
Mais c'est sur le *do* que l'on trouve
Les agréments de *ce morceau*.

Ecoutez ce morceau d'ensemble,
Exécuté par deux amants :
La voix de l'amante qui tremble
Sait diriger les mouvements ;
Pause, demi-pause et nuances,
Rien n'est omis, rien n'est si beau !
Et les *soupirs* et les *silences*
Font l'ornement de *ce morceau*.

Femmes qui désirez descendre
Dans l'arène du vrai plaisir,
Si vous voulez, daignez m'entendre,
Cette musique est à ravir ;
Mais pour en ranimer les *gammes*,
Il faut la chanter en *duo*.
Pour vous en convaincre, mesdames,
Je veux vous prêter *ce morceau*.

VINOT.

LA FEMME D'UN HOMME PUBLIC (1)
OU LE CABINET DE M. LE MAIRE

Air de madame Grégoire.

Chez nous, autrefois,
De naissance obscure et commune,
Vivait Jean Bidois,
Maire et vacher de la commune.
Se riant du bon ton,
Notre homme avait, dit-on,
Pour cabinet de la mairie,
L'étable de sa vacherie,
Et chacun venait
Dans son p'tit cabinet. } *bis.*

Mais, si l'on en croit
La trop scandaleuse chronique,
D'un esprit étroit,
Notre homme était peu politique.
On prétend que c'était
Sa femme qui portait
La culotte, et plus d'un, pour cause,
Dit s'être assuré de la chose,
Alors qu'il venait
Dans son p'tit cabinet.

Pour bannir l'ennui
Qu'occasionnent les affaires,

---

(1) Chanson saisie et condamnée en 1847. Voir *la Chanson au XIXe siècle*, recueil introuvable, mentionné dans le *Catalogue des écrits condamnés.*

Comptant peu sur lui,
Sa femme avait des secrétaires,
Et maint administré,
Entre tous préféré,
Prédisant le moment prospère
Où notre maire serait père,
Allait et venait
Dans son p'tit cabinet.

Or, ce cabinet
A deux fins servait à la dame :
Chacun y venait
Prendre son lait, ou prendre femme;
A la fois régalant
Et chalant et galant,
Quand derrière entrait la pratique,
Par devant s'ouvrait la boutique,
Pour quiconq' venait
Dans son p'tit cabinet.

Tous voulaient la voir :
Vraiment, la tâche était trop forte !
Du matin au soir,
Elle avait la queue à sa porte.
Mais maint petit cadeau
Allégeait le fardeau :
Bourse pleine, on entrait chez elle;
Bourse vide, on quittait la belle;
On se ruinait
Dans son p'tit cabinet.

Touchant les plus doux,
Ebranlant les plus irritables,
Plaideurs en courroux
Chez elle devenaient traitables;
Car malgré leur raideur,
La belle, avec ardeur,
Tour-à-tour prenant les parties,
Les avait bientôt amollies.
Heureux qui venait
Dans son p'tit cabinet !

Aussi, chapeau bas,
Tout le monde abordait la belle;
Abbés et prélats
Entraient décalottés chez elle;
Toujours notre curé
Chez elle était fourré,
Et quittant prône et sacristie,
Montait en chaire à la mairie !
Puis se démenait } *bis.*
Dans son p'tit cabinet.

AUGUSTE JOLLY.

PARODIE DES *FILLES DE MARBRE*

Aimes-tu, Marco, ma fille,
Le nœud d'un hardi fouteur,
Le membre trapu d'un drille
Que ton cul met en chaleur ?
Aimes-tu, dans ton délire,
La langue d'un bon michet

Dont la passion s'inspire
De ton vagin en déchet?

— Non, non, non, non...
— Marco, qu'aimes-tu donc?
— Les écus d'un jeune Icare
Que plument mes jolis doigts,
Les rentes d'un vieil avare   } bis.
Qui bande une fois par mois.

— Aimes-tu mieux qu'en levrette
L'homme te baise parfois?
Qu'en ton trou du cul qui pète
Il plonge deux ou trois doigts?
Sur l'assise d'une pine,
Pivotant comme un toton,
Aimes-tu mieux, en gamine,
Tirer l'coup du macaron?...
— Non, non; etc.

D'une putain ferme et ronde
Aimes-tu mieux les appas
Que les plus beaux vits du monde
De ton cul mouillant les pas?
Et comme Sapho l'antique,
Aimes-tu mieux, ma Chloris,
Qu'une tribade impudique
Te suce le clitoris?

— Oui, mais... oui, mais...
Mieux vaut, à tout jamais :

Les écus d'un jeune Icare,
Que plument mes jolis doigts ;
Les rentes d'un vieil avaré,
Qui bande une fois par mois. } *bis.*

PAUL SAUNIÈRE.

L'AMOUR

De son vit couturé de chancreuses ornières
Pénétrer, pantelant, au fond d'un con baveux ;
Mettre en contact puant les canaux urinaires ;
De scrofules pourris nous créer des neveux ;
De spermes combinés faire un hideux fromage ;
Au fond de la cuvette, humide carrefour,
En atomes gluants voir le foutre qui nage...
            Voilà l'amour !

ID.

LES SOTS

Air des Dieux (de Nadaud).
Ou : *A genoux devant le soleil.*

Dans les châteaux, dans les chaumières,
L'on dit, l'on chante et l'on écrit :
Ce siècle est celui des lumières,
Surtout, le siècle de l'esprit.
Mais l'esprit, quoique l'on en dise,
J'en appelle à tous les partis,
N'a point détrôné la sottise...
Tous les sots ne sont point partis.

Par l'esprit, les rangs se nivèlent
Jusque dans les couches d'en bas ;
Les nobles instincts se révèlent ;
L'esprit est dans tous les états...
C'est un mot vain : l'or est la source
Où tendent tous les appétits...
Le talent se cote à la Bourse :
Tous les sots ne sont point partis.

La Chartreuse, les Mousquetaires,
Villemer, les Pauvres parents,
Plaisent comme œuvres littéraires
Par des mérites différents...
Mais *Jacquot*, qui vit de scandale,
Insulte, en langage *métis*,
Et la grammaire et la morale...
Tous les sots ne sont point partis.

Si de Corneille ou de Racine
La muse est remontée aux cieux,
Hugo, Musset et Lamartine
Sont des cygnes aimés des dieux ;
Mais que de plates rapsodies
About jette au public gratis :
Des Sarcey les ont applaudies...
Tous les sots ne sont point partis.

On applaudit au Vaudeville
Des drames d'esprit et de goût.
Oui, Félix fait passer Clairville,
Fargueil fait avaler Thiboust ;

Mais au temple où régnait Molière,
On voit trôner monsieur Empis ;
Le Duc Job fait chambrée entière...
Tous les sots ne sont point partis.

Si la tribune politique
Est veuve de grands orateurs,
De Favre la voix prophétique
Lui présage des jours meilleurs ;
Mais, en attendant que s'opère
Ce retour des jours pressentis,
Granier-Cassagnac légifère...
Tous les sots ne sont point partis.

D'un clergé stupide et barbare
Le fanatisme est bafoué ;
On ne brûlerait plus Labarre,
Calas ne serait plus roué...
Soit ! mais Veuillot dans sa gazette
Prêche à ses lecteurs abrutis
Les miracles de la Salette...
Tous les sots ne sont point partis.

Ainsi donc la sottise abonde ;
Est aveugle qui le niera !
Aussi vieille que ce vieux monde,
Plus que ce monde elle vivra.
Si deux hommes de notre sphère
Demeuraient seuls sur ses débris,
Chacun d'eux dirait de son frère :
Tous les sots ne sont point partis.

JUSTIN BOUISSON.

RIEN N'EST SACRÉ POUR UN BANDEUR

PARODIE

Qu'un' pauvre femme a donc d'misère
Quand ell' travaille dans l'amour !
Et qu'elle a d'mal à satisfaire
L'michet d'la nuit, l'michet du jour,
Car les goûts changent tour à tour.
T'nez, pas plus tard qu'la nuit dernière,
L'michet voulut... fi ! l'enculeur !
M'fourrer son vit dans le derrière ⎱ bis.
Rien n'est sacré pour un bandeur ! ⎰

Enculer une créature
Quand on a de si jolis cons !
C'est à fair' trembler la nature,
A faire fermer nos maisons...
Dieu ! que les hommes sont cochons !
Celui qui vient d'quitter ma couche,
N'voulait-il pas, parol' d'honneur !
Me décharger tout dans la bouche :
Rien n'est sacré pour un bandeur !

J'ai pour client, je le confesse,
Un vieux qui ne peut décharger
Qu'avec une om'lett' sur la fesse,
Et je le fais souvent bander,
Car il financ', sans marchander.
Moi, je n'aime pas la gougnotte,
Mais lui n'peut jouir, ah ! quel malheur !
Qu'en me voyant lécher un' motte :
Rien n'est sacré pour un bandeur !

C'est un métier bien dur tout d'même :
Jamais un moment de repos !
Pour prouver à l'homme qu'on l'aime,
Il faut toujours êtr' sur le dos,
Que l'on soit bien ou mal dispos ;
Mais pour gagner de gros salaires
On doit oublier la pudeur...
Et baiser avec ses affaires !   } bis.
Rien n'est sacré pour un bandeur !

ÉMILE HEMERY.

LE SUPPLICE DES BOTTES

Air connu.

Un accusé, les yeux pleins d'larmes,
Disait : — Monsieur le président,
Faites retirer ces gendarmes
Qui puent considérablement ! (*bis*).

— Accusé, votr' supplic' commence...
Et dussions-nous être infectés,
Gendarmes, agitez vos pieds
Dedans vos bottes d'ordonnance (1) ! (*bis*).

(1) Amplification de ce texte héroïque :

I

Aux assises, dernièrement,
Un accusé, d'un ton d'alarme,
Disait :— Fait's sortir ce gendarme,
Car ses pieds puent horriblement ;
C't'odeur m'agace bougrement.
— Accusé, gardez le silence,
Car votre crime est avéré ;
Des lois redoutez la vengeance,

LES ENCULEURS DE CAEN

Air : *Paillasse* (de BÉRANGER).

Grand Dieu! qu'allons-nous devenir,
Nous autres, pauvres femmes?
Les homm's d'aujourd'hui font frémir
Avec leurs goûts infâmes!
Quittant pour l'anus
L'aimable Vénus,
On les voit, par la ville,
Narguer nos appas,
Et dans leurs ébats
S'enculer à la file!

Que vont devenir nos talents,
Notre motte dodue,
Puisque l'nombre de nos chalands
Chaque jour diminue?

Déjà le supplice commence...
Gendarme, remuez vos pieds
Dedans vos bottes d'ordonnance! (*bis*).

XI

L'gendarm' se met à trépigner...
Aussitôt une odeur s'exhale,
Qui se répandant dans la salle,
Forc' le public à circuler,
Et le prétoir' s'trouve évacué!
L'accusé pâlit en silence,
Se sentant presqu'asphyxié...
L'président, suspendant l'audience,
Dit aux juges, en confidence :
— Je crois que le gendarme a chié
Dedans ses bottes d'ordonnance! (*bis*).

A se chatouiller,
S'entrouduculter,
Chacun, ici, s'exerce...
De ce maudit Caen,
Vite, foutons l'camp !
Au diable le commerce !

Mais ne perdons pas tout espoir ;
Grâce à notr' commissaire,
On dit qu'sous peu nous allons voir
Un chang'ment salutaire.
Ami du devant,
Ce joyeux vivant
Que tout chacun vénère,
Harcèle et poursuit,
Le jour et la nuit,
Les amis du derrière !

Faut-il, pour gagner un écu
Dans l'courant d'un' quinzaine,
Etre obligé' d'montrer son cu
Au méd'cin, chaqu' semaine !
Puisque les ribauds
Nous tournent le dos,
Et que l'plaisir s'envole,
C'est soins superflus,
Car nous n'avons plus
A craindre la vérole !

Quoi qu'en dise certain lion,
Paroissien de Sodôme,

Le cul n'est pas fait, comm' le con,
Pour les plaisirs de l'homme ;
Un jour le bon Dieu
Punira, morbleu !
Cette canaille impie !
Puis Satan viendra,
Qui vous encul'ra
Toute la compagnie (1) !

Pour avoir bouché d'vilains trous
Et fait d'autres bêtises,
On voit déjà sous les verroux
Maint et maint rat d'églises.
Mais j'crains que l'brutal,
N'fasse au tribunal
Quelque tour de jocrisse :
De son vit pointu,
Le bougre est foutu
D'enculer la justice !

L'auteur désire garder l'*onanisme.*

MARTON

Air : *T'en souviens-tu ?*

Te souviens-tu, disait à sa servante
Un vieux rentier, jadis grand libertin,
Comme autrefois ma mine était piquante,
Mon jarret ferme et mon regard mutin.
De la beauté séducteur intrépide,
Je courtisais le maigre et le dodu...

(1) Le manuscrit dit : « *Poubelle* et compagnie. » (?)

Et sur l'article, oh ! que j'étais solide !
Dis-moi, Marton, dis-moi, t'en souviens-tu ? } *bis.*

Alors aussi, ta mine était drôlette,
Tes tétons durs et ton teint satiné ;
Ton cul surtout, de forme rondelette,
Par les amours paraissait dessiné.
Plus d'une fois, une main sous ta cotte,
Tandis que l'autre écartait ton fichu,
Je caressai, je brandouillai ta motte...
Dis-moi, Marton, dis-moi, t'en souviens-tu ?

Brûlant alors d'une ardeur libertine,
Partout j'aimais à te prouver mes feux,
Et le grénier, la cave et la cuisine
Furent témoins de nos ébats joyeux.
Comme fouteuse et bonne cuisinière,
Tu savais bien, sans en perdre un fétu,
Tourner la sauce et tourner le derrière !
Dis-moi, Marton, dis-moi, t'en souviens-tu ?

Soit sur le dos, soit à la paresseuse,
Je t'enfilais le matin et le soir ;
Sur mes genoux, de ma flamme amoureuse,
En tricotant, tu sentais l'arrosoir ;
Quand devant moi tu levais la croupière,
Pour enfiler un beau pigeon pattu,
Au même instant, je t'enfilais, ma chère !
Dis-moi, Marton, dis-moi, t'en souviens-tu ?

Quand tu venais de frotter ma chambrette,
Moi je frottais tous tes appas secrets ;

Savonnais-tu ta fine collerette?
Pour t'imiter, moi, je te repassais.
Quand tu venais de brosser ma culotte,
Tu te sentais trousser à l'impromptu,
Pour mieux pouvoir te caresser la motte!
Dis-moi, Marton, dis-moi, t'en souviens-tu?

O temps heureux, plaisirs que l'on adore,
Vous avez fui : je ne puis plus baiser !
En vain ta main veut m'enflammer encore,
Ma pauvre enfant, il faut y renoncer.
De rajeunir vainement on se flatte,
Et malgré tout l'élixir que j'ai bu,
Lorsque je veux t'enfiler, je te rate...   } bis.
Hélas! Marton, pourquoi t'en souviens-tu? }

A.

PARODIE DES *LOUIS D'OR*

DE PIERRE DUPONT.

Un soir, étant en diligence
Sur une route, entre deux bois,
Je branlais avec assurance
Une fillette au frais minois.
J'avais relevé sa chemise
Et mis mon doigt à son bouton,
Et je bandais, malgré la bise,
A déchirer mon pantalon!

Pour un quart d'heure entre ses cuisses,
Un prince eût donné son trésor...
Mais moi je dis : — Dieu te bénisse !
Je te promets un louis d'or!

Je la branlai sans résistance,
La tête en feu, la queue aussi ;
Je pris sa main... quelle indécence !
Et je la posai sur mon vit.
Le foutre courait dans mes veines...
Je déchargeai ! quel embarras !...
Sa main, sa robe en étaient pleines...
Mais cela ne suffisait pas !

Sentant s'allumer la sournoise,
Je lui dis — : Fais un doux effort...
Sortons d'ici, que je te *boise*,
Je te promets un louis d'or !

Dans un hôtel nous arrivâmes ;
Bon feu, bon lit, tout s'y trouva.
Bientôt, tous deux nous nous couchâmes,
Et le spectacle commença.
Foutre ! branler ! gamahuchage !
Langue fourrée ! enculement !
De tout un peu l'on fit usage...
Je crois que j'en rougis, vraiment.

Le lendemain, dev'nu plus sage,
Je m'dis que j'aurais bien grand tort
De payer un tel pucelage...
La belle attend son louis d'or !

A.

MINETTE

Air de Risette (comédie de M. About).

I

A Paris, près de Puteaux,
Je naquis sur les copeaux,
  En décembre;
Papa faisait le maq'reau,
Maman faisait la cateau,
  Dans la chambre;
Et moi, du soir au matin,
Je m'branlais le p'tit lutin,
  En cachette;
J'espérais, en grandissant,
Trouver un petit amant,
Bien cochon, bien amusant,
  Qui m'fît minette,
Minette, minette, minette!

II

Jusqu'à l'âge de quinze ans,
Pour l'honneur, ou pour six blancs,
  Tête à tête,
Le soir, chez le marchand d'vin,
J'ai branlé plus d'un gandin
  En goguette;
Aux plus vieux, pour un écu,
Bien des fois, j'ai mis sur l'cu
  Une omelette;
J'ai sucé plus d'un braq'mard,

Avalant l'foutre avec art,
Heureuse quand un paillard
F'sait pour sa part
Minette, minette, minette!

III

Le poil au cul me poussant,
J'ouvris, à double battant,
Ma boutique,
Faisant entrer poliment,
Par derrière ou par devant,
La pratique.
Venez tous me foutre en con,
En cul, en bouche, en téton,
En levrette!
L'on ne solde qu'en sortant,
Si de moi l'on est content,
Quitte à me faire en partant,
Tambour battant,
Minette, minette, minette!

A.

LE VIEIL ARTILLEUR

Air du rocher de Sainte-Avelle,
Ou : Lionne, défends tes petits.

Débris d'une gloire passée,
Un artilleur, triste et rêveur,
Laissait s'égarer sa pensée
Sur ses beaux jours et l'Empereur!
Les yeux baissés et la paupière humide,
Le vieux soldat s'écria tout à coup :

« Plaignez (*bis*) l'artilleur invalide, } *bis.*
Qui ne peut plus tirer son coup !

« Il me souvient qu'en Italie,
Certain soir, étant de planton,
Une fillette, assez jolie,
Voulut visiter mon canon.
Je laissai faire, et d'une main timide,
Pièce et boulets, elle mania tout !
    Plaignez, etc.

— « Mais, je voudrais bien, me dit-elle,
Voir votre pièce manœuvrer.
Je cède au désir de la belle,
Et je me mets à la bourrer.
A décharger enfin je me décide...
La pauvre enfant tenait encor le bout...
    Plaignez, etc.

« A Dresde, chargeant à mitraille,
Nous tirions à coups rabattus ;
Nous changions le champ de bataille,
De combattants en combattus.
Mais le succès fut un éclair rapide,
Car je perdis un beau membre à Moscou !
    Plaignez, etc.

« Le jour où les aigles françaises
Au nombre, enfin, durent céder,
On vit les capotes anglaises
Devant nos corps se débander.

Mais que pouvait un courage intrépide ?
La trahison avait amolli tout...
    Plaignez, etc.

« Il faut te quitter, chaude terre,
Beau sol où longtemps j'ai dormi,
Pour harceler sur le derrière
Et poursuivre un seul ennemi :
C'est le *Prussien !* ah ! ce peuple perfide
Ne me causa jamais que du dégoût !
    Plaignez, etc. »

Dans sa mémoire trop fidèle,
Il voit, brillant sur son affût,
Un canon : cela lui rappelle
Non ce qu'il est, mais ce qu'il fut.
La bourre échappe à la main qui la guide,
La poudre manque, et la mèche est à bout...
    Plaignez (*bis*) l'artilleur invalide,
    Qui ne peut plus tirer son coup ! } *bis.*

                            A.

BERTRAND L'POCHARD

Air : *J'tapp' partout, j'connais rien, j'suis faubourien.*

J'pine à l'œil et j'm'en fais gloire,
C'est mon goût d'êtr' paillasson ;
Faut qu'la rouchi' m'paye à boire,
Quand j'vas mouver au boxon.
Avec moi, n'y a pas d'bégueule,
Surtout, quand j'lui dis : Pas d'mots...
Ou j'te vas foutr' sur la gueule !...

Crache et r'pass'-moi ton *copeau* (1)!
Quand un marlou m'embête,
J'lui dis : — N'fais pas ta tête!
N'bats pas l'quart (2),
Crains l'*pétard* (3),
J'suis Bertrand l'pochard!

— L'autr' jour, j'vois Paulin' la juive,
Maquillant pour sa *gothon* (4) :
— Ça, j'lui dis, faut qu'on me suive,
Quand je bande, il m'faut du con!
Mais voyant qu'il n'y a pas d'*douille* (5),
Ell' veut s'*coller un peu d'air* (6),
J'lui dis : — Veux-tu que j't'*arsouille* (7)?
Et pour te parler plus clair...
Monte donc, vieill' suceuse,
Ou j'cogn' sur ta *baigneuse* (8)!
N'bats pas l'quart, etc.

L'autr' jour, avec un' *voleuse* (9),
Que j'*bahutais* (10) au Wauxhall,
Un *gripp' Jésus* (11), d'un' voix creuse,
Me dit que c'est immoral;
Il veut me foutre à la porte:
— Bah! j'lui dis, ça t'f'rait loucher...

(1) Ta langue. — (2) Sous-entendu : Je n'suis pas un miché, n'fais pas d'manières avec moi. —(3) Le bruit, l'éclat, les coups. — (4) Faisant, travaillant pour donner à sa tribade. — (5) D'argent. — (6) Se sauver. — (7) Je t'engueule.— (8) Ta tête, ou ton chapeau. — (9) Putain qui n'a jamais volé, peut-être, et à qui cette injure seule fait quelque effet. — (10) Dansais. — (11) Gendarme.

J't'emmerde, avec ta cohorte,
Et j'te défends d'm'approcher.
    Allons, n'tir' pas ta *latte* (1),
    Avec ta figur' plate !
        N'bats pas l'quart, etc.

Chacun sa philosophie,
Oui, chacun a son humeur ;
C'est dans la *soulographie* (2),
Moi, que je trouv' le bonheur.
Qu'on m'accuse, qu'on m'accable,
Du moment que j'ai bien bu,
J'enverrais mon âme au diable,
J'm'en fous comm' du trou d'mon cu !
    Quand un marlou m'embête,
    J'lui dis : — N'fais pas ta tête !
        N'bats pas l'quart, etc.

Merde à tous ces bande-à-l'aise,
A qui la vérol' fait peur !
J'soutiens qu'un' capote anglaise
N'est pas fait' pour un fouteur !
Vieux rebuts de Saint-Lazare,
Venez tous dans mon grenier,
Oui, venez dans mon bazar-*re* (3),
Pourrir comme du fumier !
    J'crains pas la cristalline,
    La chaud' piss' purpurine !
        N'bats pas l'quart, etc.

---

(1) Sabre. — (2) Ivresse. — (3) Bazar-re, mauvaise rime, suffisante pour ce qu'elle veut dire.

Quand j'm'en irai de c'bas monde,
Pour m'envoler dans les cieux,
J'veux enculer, à la ronde,
Les séraphins aux yeux bleus.
Si l'Bon Dieu, dans sa colère,
Voulait me fair' foutre au feu,
Pour avoir piné sa mère,
J'lui dirais : — Cré nom de Dieu !
   Allons, marlou, circule !
   Passe à gauche, ou j't'encule !
     N'bats pas l'quart,
     Crains l'pétard,
  J'suis Bertrand l'pochard !

A.

SUR L'ALBUM D'UN BOURSIER

Si l'on remontait à la source
Des biens nouvellement acquis,
On retrouverait à la Bourse
Ceux qui nous la coupaient jadis.

A.

EFFETS DE PANTOMINE

Du temps que la France pensait,
Ce qui ne valait pas d'être dit, se chantait ;
  Chez le Français, muet, par contre,
Ce qui ne se peut dire ou chanter, on le montre.

A. (1864.)

SUR LES DUELS DE LA CHAMBRE

Ces beaux messieurs, que Dieu protége,
Ne se sont pas blessés... Merci !
Les pistolets venaient de Liége...
Les balles en étaient aussi.

A. (1849).

SUR UN PLAGIAIRE DÉCORÉ

L'histoire nous dit qu'autrefois
On pendait les voleurs aux croix ;
Aujourd'hui les temps sont meilleurs,
Car on pend les croix aux voleurs.

A.

A UNE *AUTEUSE*

Pour écrire ce beau volume,
Tu n'as pas usé grand papier ;
Tour à tour tu changeais de plume,
Et tu n'étais que l'encrier.

A.

ELECTION DE M. PREVOST-PARADOL

Comme dans toute académie
On a besoin d'un bon prévôt,
Notre savante compagnie
A nommé Paradol-Prévost.

A. (1865).

LE POEME DE LA VIE OISIVE.

On s'éveille ; on se lève ; on s'habille, et l'on sort ;
On rentre ; on dîne ; on jase ; on se couche, et l'on dort.

A.

—

A PROPOS DU *SUPPLICE D'UNE FEMME*

DE M. EMILE DE GIRARDIN (1)

en collaboration avec M. Dumas fils.

Mais Barbe-Bleue, épouvantail des femmes,
Etait plus fort que toi, mon cher auteur :
    Il fit, sans collaborateur,
  Le supplice de dix-neuf femmes !

A.

—

AUTRE

Ah ! bien t'en prend d'être un mari parfait !
Si tu n'avais été bon pour ces dames,
    On t'accuserait d'avoir fait,
  Seul, le supplice de deux femmes.

A. (1865).

—

DECORÉS DU 15 AOUT 1865

DUPREZ

Duprez, l'ancien ténor, a reçu pour cadeau
Un tout petit ruban de couleur purpurine.

---

(1) Voir page 143 de ce recueil.

La décoration que porte sa poitrine,
Il l'a gagnée avec son *do*.

A.

REPLIQUE

On décore Duprez. Nous crions tous : Bravo !
Mais une chose me chagrine :
C'est que l'on n'ait pas pu lui redonner le *do*
En même temps que la croix — de poitrine.

A.

DARIMON

— Darimon décoré ! — Rien n'est plus vraisemblable.
De l'opposition qu'il aimait autrefois
Ne s'est-il pas montré le veuf très-consolable ?
Sur les tombes toujours on a mis une croix.

A.

SUR LA CANTATE DE M. POTVIN (1)

Dans une cantate en vers plats et creux,
Potvin ose écrire : « Oui, plus de Messies ! »
Le pauvre public dit : — C'est fort heureux !
Désormais, Potvin, non, plus de tes scies !

A. (1865).

(1) Homme de lettres belge.

SCHNEIDER DANS *BARBE-BLEUE*

Barbe-Bleue, aux Variétés,
Nous montre Schneider en rosière :
La salle en rit, de tous côtés,
Et Schneider en rit la première.

HIPPOLYTE BRIOLLET (1865).

COLOMBINE ET *PIPE-EN-BOIS*

Sur *Colombine* et *Pipe-en-bois*
Ma pensée est-elle la vôtre ?
De ces nouveaux journaux je crois
L'un très-bon pour allumer l'autre.

ID. (1865).

LAMENTO

Le sort des hommes le voici :
Beaucoup d'appelés, peu d'élus ;
Le sort des livres est ainsi :
Beaucoup d'épelés, peu de lus.

PAUL SIRAUDIN.

FIN DU NOUVEAU PARNASSE SATYRIQUE.

APPENDICE

APPENDICE

AU

PARNASSE SATYRIQUE

DU XIX⁰ SIECLE

ANONYMES ET PSEUDONYMES DEVOILÉS
RECTIFICATIONS, ADJONCTIONS

—

Pour la composition du *Nouveau Parnasse*, nous avons suivi les errements de l'éditeur du *Parnasse satyrique du XIX⁰ siècle*. Notre recueil a été fait sur le même plan que le sien.

En un point seulement nous n'avons pas cru devoir l'imiter. Il lui a plu de dissimuler quantité de noms d'auteurs, — et nous, au contraire, n'avons voulu en céler aucun, à quelque degré que ce fût. Chaque fois que la lettre A (*anonyme*) se rencontre au bas d'une pièce, on peut tenir pour certain que cette pièce nous est parvenue sans attribution.

Les signatures nous ont semblé d'autant plus essentielles à des libertinages condamnables et damnables, que nous avons un goût déterminé de la responsabilité,

— pour les autres. C'est pourquoi, non content d'avoir compromis ici le plus de contemporains possible, nous avons encore eu l'idée d'y faire voir, à visage découvert, les poëtes débordés que l'éditeur du *Parnasse satyrique* n'avait cru devoir produire qu'avec toutes sortes de ménagements, sous le masque, ou tout au moins sous le loup. Les mettre sur la sellette est l'objet principal de cet appendice.

Il faut en convenir, nous manquons absolument de respect humain.

Peut-être n'en avons-nous déjà donné que trop de preuves, — et cependant en voici de nouvelles.

TOME PREMIER

DU

PARNASSE SATYRIQUE DU XIXe SIECLE (1)

Page 30. L'*Epitaphe du roi Louis XVIII*, signée des initiales R. D. B., est de M. Roger de Beauvoir.

P. 32. L'épigramme sur *le baron Trouvé* signée Ch. R., est de M. Charles Romey, historien et publiciste français.

(1) *Le Parnasse satyrique du* XIXe *siècle*, recueil de vers piquants et gaillards de MM. de Béranger, V. Hugo, E. Deschamps, A. Barbier, A. de Musset, Barthélemy, Protat, G. Nadaud, de Banville, Baudelaire, Monselet, etc., etc. *Rome*, à l'enseigne des sept péchés capitaux, 2 vol. in-18, s. d. (publiés en 1864.)

P. 67-71. Les deux chansons de *Mayeux pochard* et de *Mayeux au Bordel*, signées F. de C., sont de M. Fabius de Calonne, professeur d'histoire de S. E. M. Duruy, ministre de l'instruction publique, — père de M. Ernest de Calonne, qui, vers 1855, authentiqua un manuscrit prétendu de Molière, *le Docteur amoureux*, en le portant, un mois durant, dans ses bottes, afin de lui donner le relent du Grand Siècle ! — On montrait à l'Odéon ce manuscrit, sous verre ; précaution sans laquelle la supercherie eût sauté au nez en trompette de J. J., — et saisi le proboscide de M. Hippolyte Lucas.

Aucuns attribuent *Mayeux pochard* à M. Henri Simon.

Dans une question de paternité de ce genre, Salomon *prendrait son parapluie*.

P. 71. La chanson *Mam'zelle Lise*, signée In., est de M. Van Cleemputte, membre fameux du Caveau, en la personne duquel revivaient Collé, Piron et Panard :

> Collé, Piron, ne sont pas, et pour cause,
> Avec Panard disparus ; car je vois,
> Grâce aux effets de la métempsycose,
> Qu'en Van Cleemputte ils revivent tous trois.

Collé, Piron et Panard sont remorts, avec M. Van Cleemputte, en janvier 1865.

P. 89. La pièce *La Pierreuse*, signée H. M., est de M. Henry Monnier ; je vous le dis à l'oreille. N'allez pas le lui répéter, car il se précipiterait chez le procureur impérial du coin, pour se déclarer en butte à d'infâmes calomnies !!

20.

P. 93. L'épigramme prétendue contre mademoiselle Déjazet, est du xviiie siècle, contre mademoiselle Clairon, dite *Fretillon*. Pourquoi figure-t-elle dans le *Parnasse satyrique du dix-neuvième siècle*, et avec la signature de M. Albéric Second, littérateur de l'ordre des édentés? Pourquoi?

—

P. 101. L'épigramme *sur madame de Feuchères*, signée C. R., est de M. Charles Romey, déjà nommé.

—

P. 102-103. Le docteur Toirac, auteur de *la Merde et le Cochon* et des *Deux Etrons*, s'était donné un pseudodonyme congruant à ses goûts scatologico-littéraires : FOIRAC.

—

P. 108. Le troisième couplet de la chanson de M. Vatout, *l'Auberge de l'Ecu de France*, a été oublié :

On ne peut jamais sans plaisir
Aborder cet asile ;
Il est très-aisé d'en sortir,
Entrer est moins facile.
Gloire au pèlerin
Qui, soir et matin,
Y fait longtemps séance.
Honte au voyageur
Qui fuit sans pudeur
Devant *l'Ecu de France!*

La chanson *le Puits d'Amour*, inconnue à l'éditeur du *Parnasse*, retorque celle de *l'Ecu de France :*

LE PUITS D'AMOUR

Air : *Mon père était pot.*

A beau mentir qui vient de loin !
Dit un ancien adage,

Et j'en veux prendre pour témoin
Un grave personnage ;
L'illustre Vatout
A chanté partout
Qu'en fait de résidence,
Le meilleur logis,
Dans aucun pays,
Ne vaut *l'Ecu de France*.

Je ne suis pas de cet avis,
Et prétends, au contraire,
Que c'est un infâme taudis,
Un ignoble repaire ;
Que de tous les lieux,
Le plus précieux,
Selon l'expérience,
C'est *le Puits d'Amour*
Qui doit, à son tour,
Primer *l'Ecu de France*.

Pour confirmer ce que je dis,
Et produire une preuve,
Il faudrait, pour être précis,
Avoir tenté l'épreuve ;
Mais ce logement
Inspire, vraiment,
Si grande répugnance,
Que rien qu'à le voir,
On ne peut vouloir
Hanter *l'Ecu de France*.

Si, par hasard, on est séduit
Par certaine apparence,
On voit, bientôt, que ce réduit
N'est pas lieu de plaisance ;
Sa funeste odeur
Démontre l'erreur
De cette inadvertance ;
On a tant d'émoi,
Qu'il faut, malgré soi,
Quitter *l'Ecu de France*.

Le Puits d'Amour est très-voisin
De cet hôtel immonde,
Au centre d'un charmant jardin
Qu'on admire à la ronde ;

De plus, il produit
Un excellent fruit
Provenant de semence.
Un tel argument,
Fait, assurément,
Pâlir l'*Ecu de France*.

Plus on réside au *Puits d'Amour*,
Et plus on l'apprécie,
Chacun y mène, tour à tour,
Une joyeuse vie :
On a sous les yeux,
Deux monts radieux,
C'est une jouissance
Que les voyageurs
N'ont jamais, d'ailleurs,
Devant l'*Ecu de France*.

Je sais qu'on ne doit discuter
Sur le goût de personne,
Je n'ai voulu que protester,
Rien là qui vous étonne;
Mais si des avis
Ont pour tous du prix,
Imitez ma prudence,
Entrez nuit et jour
Dans le *Puits d'Amour*,
Fuyez l'*Ecu de France*!

P. 113. Voir sur M. Félix Bovie la note p. 52 du *Nouveau Parnasse satyrique*.

P. 122. *Les Victimes de Mirabeau*. Quoique cette pièce ait paru pour la première fois dans le *Barnave* de M. Jules Janin, sous le nom du grand Mirabeau, de Mirabeau tonnant, et qu'elle ait été reproduite, avec la même attribution, dans le recueil des *Poëtes de l'Amour*, de M. Julien Lemer (Paris, Garnier, 1850, in-32), elle est bien de M. Auguste Barbier, et l'éditeur du *Parnasse* a eu raison de la signer de ce nom. De même que la duchesse de Berry, après avoir masturbé son père le Régent, commandait aux valets : « Balayez les princes ! » De même, M. Auguste Barbier peut dire : « Balayez les Mirabeau ! »

Détail bibliographique : le chapitre 1, t. 3 de l'édition originale de *Barnave* (1831), où est citée la pièce des *Victimes*, a pour épigraphe : « Prenez ceci ; je suis en fonds. » AUGUSTE BARBIER.

On sait que le chapitre du même livre intitulé : *les Filles de Séjan*, est de M. Félix Pyat.

J. J. n'a jamais détesté le coup de main.

—

P. 125. *La Petite Revue* du 10 février 1866 a signalé la première impression, avec nom de l'auteur, du *Sacrifice interrompu*, de M. Emile Deschamps, dans un livret publié à Lyon, à 30 exemplaires, sous ce titre : « *Banquet des Intelligences*, recueil de table tant soit peu pantagruélique, à l'usage des trente convives du pavillon Nicolas, recueilli et imprimé par L. Boitel, secrétaire de la chose. » In-16, papier vélin.

—

P. 135. Nous avons retrouvé dans la mémoire de M. Jules Sandeau les quatre vers de *l'Académie française* relatifs à M. Victor Hugo :

> Hugo, dans sa verve énergique,
> En Belgique,
> Nous a lancé, comme un soufflet,
> Son pamphlet.
>
> (1852).

—

P. 136 et suivantes. Les six pièces signées A. et ID. sont

notoirement de M. Théophile Gautier; mais les imbéciles ne laissent pas de croire que la seconde, la quatrième et la cinquième sont le résultat d'un défi poétique entre MM. de Lamartine, Hugo et Gautier, qui se seraient dit un jour ceci, ou à peu près : « Nous sommes de grands poëtes, c'est entendu; reste à savoir lequel de nous est le plus cochon ! »

On nous a affirmé que la pièce intitulée *Musée secret* faisait partie du manuscrit des *Emaux et Camées*, dont elle fut retirée durant l'impression.

—

P. 143. L'attribution de l'*Embarquement pour Cythère* à M. Alphonse Karr, est au moins douteuse. En revanche, voici une épigramme qui est bien de lui; ne pas oublier en la lisant que M. Alphonse Karr est l'auteur de la fameuse définition de la propriété littéraire : « La propriété littéraire est une propriété, » dont Proudhon a fait tant de gorges-chaudes :

LES DECORÉS DE SAINT-MAURICE ET LAZARE

APRÈS LE CONGRÈS ARTISTIQUE ET LITTÉRAIRE DE 1861.

> Galanthomme ne souffrant pas
> L'indigne métier de corsaire,
> Ayant appris les résultats
> Du fatal congrès littéraire,
> Prit au collet les renégats
> Les plus compromis dans l'affaire,
> Et les couvrit de ses crachats.
> Cette action juste et sévère
> Plut au Sultan qui va, dit-on,
> Lui faire envoyer le cordon.

—

P. 146. *Les Jeunes Hommes*, d'Edmond Texier, sont une parodie célèbre, souvent réimprimée. Il nous souvient d'une *occidentale* non moins belle, que nous ni nos amis n'avons pu reconstituer. Citons-en une strophe, pour ré-

APPENDICE

veiller les mémoires moins assouplies que les nôtres; il s'agit dans cette strophe de mademoiselle Giulia Grisi :

> Un pauvre étudiant s'est rendu poitrinaire
> En faisant de sa main un con imaginaire
> Que dans sa folle ivresse il prenait pour le tien.
> Il est mort, secouant son vit d'une main ferme,
> Et criait, en baisant ses doigts mêlés de sperme :
>   « Enfin, bougresse, je te tien ! »

P. 147-148. La pièce signée du nom de M. Privat d'Anglemont n'est pas de lui, mais de M. Charles Baudelaire; elle a été modifiée; en voici le texte au vrai :

> — Combien dureront nos amours ?
> Dit la pucelle, au clair de lune.
> L'amoureux répond : — O ma brune,
>   Toujours, toujours !
>
> Quand tout sommeille aux alentours,
> Elise, se tortillant d'aise,
> Dit qu'elle veut que je la baise.
>   Toujours, toujours !
>
> Moi je dis : — Pour charmer mes jours
> Et le souvenir de mes peines,
> Bouteilles, que n'êtes-vous pleines
>   Toujours, toujours !
>
> Mais le plus chaste des amours,
> L'amoureux le plus intrépide,
> Comme un flacon s'use et se vide
>   Toujours, toujours !

L'Elise en question est mademoiselle Elise Sergent, dite Pomaré.

M. Alexandre Privat d'Anglement était doué d'une excessive sensibilité littéraire qui le poussait à produire sous son nom celles des poésies de ses amis dont le succès pouvait être douteux. On a de lui non-seulement des vers de M. Baudelaire, mais des vers de M. de Banville et des vers de M. Gérard de Nerval, car le sonnet sur madame du Barry, presque aussi beau que le fameux sonnet d'Arvers, est de M. Gérard de Nerval, quoique M. d'Anglemont se soit rendu involontairement célèbre en le signant.

M. Charles Monselet a fait, dans la *Lorgnette littéraire*, une fine allusion à l'honorable manie de M. d'Anglemont, en lui attribuant la ballade de *Dupuy, marchand d'vin* :

> Pauvre Dupuy, marchand d'vin malheureux,
> Que de gouapeurs trompèrent ta confiance !
> Tu n'avais pas assez de méfiance ;
> Ils t'ont fait voir le tour comme des gueux !
>
> Pour un cintième, à ces va-de-la-bouche
> Tu faisais l'œil, et te trouvais heureux ;
> Et maintenant regard' comment je m'mouche !
> Ils t'ont fait voir le tour comme des gueux !
>
> Si par hasard tu rouvres ta boutique,
> Fusille-moi ces daims, ces paresseux ;
> Car tout cela ce n'est que d'la pratique :
> Ils t'ont fait voir le tour comme des gueux !

Nous disions donc que M. A. Privat d'Anglemont n'a guère plus fait ses vers qu'*Eglé, belle et poëte*, ne faisait les siens. En revanche, il est l'auteur avéré des sermons de l'abbé Mullois, et du *Manuel de la Charité*, du même.

P. 148-151. La pièce *le Mal de Mer*, signée P. J., et les deux pièces suivantes, sont de M. Pierre Jannet, directeur-fondateur de la *Bibliothèque elzévirienne*.

P. 170-172. Est-il Dieu possible que les pièces intitulées *Marine* et *le Matelot*, signées L. L., soient du vertueux M. de La Landelle ? — ainsi qu'il n'est guère permis d'en douter.

P. 175-178. Quatre couplets ont été oubliés dans la pièce

APPENDICE 241

Portraits de Femmes, de M. Joachim Duflot ; l'éditeur du *Parnasse* dormitait en la transcrivant :

    Il faut, dis'nt les Français,
    A Rachel, la tragique,
    D'Anaïs la matrice,
    Plus un vit polonais.
    Tandis que Walewski
    De son foutre l'arrose,
    Elle fait feuill' de rose
    Vous devinez à qui.
       Venez, etc.

    Sur son lit d'acajou,
    Ozy, jeune ingénue,
    Très-gentiment remue
    Son cul pour un bijou.
    On peut, par le calcul,
    A chaqu' pièce nouvelle
    Qui brille sur la belle,
    Compter ses coups de cul.
       Venez, etc.

    Il faut encor parler
    De l'enfantine Doze,
    Dont la gorge est si rose,
    La peau douce au toucher.
    Elle est bien belle à voir,
    Quand, bacchante embrasée,
    Elle boit la rosée
    De Roger de Beauvoir.
       Venez, etc.

    Oubliant sa splendeur,
    La colossale George
    A prostitué sa gorge,
    Qu'à p'loté l'Empereur.
    Sur son flanc monstrueux
    En vain l'on gesticule,
    Si l'on veut être heureux,
    Il faut bien qu'on l'encule.
       Venez, etc.

P. 186. L'épigramme *l'Eternité de Laferrière*, signée

D. B., est de M. Théodore de Banville; celle signée B. D. C., *Mademoiselle Lagier*, est de M. Brugnière du Cayla, dit Dupuy.

—

P. 187-188. Le *Madrigal* à madame Doche, signé L. C., est de M. Léon Choux, dit Charly, artiste dramatique, et épigrammiste déterminé. (Voir pages 193 et suivantes du *Nouveau Parnasse*.)

—

P. 188. L'épigramme *Consolation à Marguerite Gautier*, signée M., est de M. Poulet-Malassis, et sans doute à l'adresse de M. Aurélien Scholl, lequel commit naguère l'imprudence, dont il s'est depuis si amèrement et si publiquement repenti, de devenir l'amant de madame Doche avant de l'avoir fait mettre *à l'anglaise*, suivant le conseil de M. Nestor Roqueplan.

—

Même page. L'épigramme, *Madame Octave*, signée E. W., est de M. Wœstyn.

—

P. 189. L'épigramme *Sur le subit emponboint de mademoiselle Moïse*, signée L. C., est de M. Léon Charly, déjà nommé.

—

Même page. Pour comprendre sans peine l'*Epitaphe anticipée* de madame Stoltz, mettre en sous-titre à son nom, *maîtresse de Deburau*.

—

P. 190. Je vois bien *le Curé Trécy*, et j'en suis charmé; mais on a oublié son bon ami *le Curé Largis* :

LE CURÉ LARGIS

Air du curé Trécy, ou *On dit que je suis sans malice*.

Il est un prêtre qu'on renomme
Et qu'on cite comme un saint homme,
Il est bien connu dans Paris :
C'est monsieur le curé Largis.
Je vous le dis avec franchise,
Les dévotes de son église
Sont bien contentes, mes amis,
D'avoir eu leur curé Largis (*bis*).

Il ne prêche pas l'abstinence,
Il vend parfois une indulgence,
Mais s'il fait payer ses bienfaits,
Il ne vous écorche jamais.
L'amant privé de sa maîtresse
Est bien content, dans sa détresse,
Pour apaiser ses sens épris
De trouver un curé Largis.

Jeune beauté dont le cœur tendre
Par l'amour s'est laissé surprendre,
Si le fruit de trop de faveurs
Neuf mois vous fait verser des pleurs,
Le ciel est grand dans sa clémence !
Ne perdez donc pas l'espérance
D'aller un jour en paradis...
Vous avez le curé Largis.

Le jour de votre mariage,
Pour porter bonheur au ménage,
Ce saint pasteur, après le bal,
Vient bénir le lit nuptial.
Brûlant de donner à sa femme
Des preuves de sa vive flamme,
L'époux n'est pas des moins surpris
De trouver son curé Largis.

Enfin, on le voit, à la ronde,
Chez le petit et le grand monde ;
Dans les cercles les mieux choisis
On trouve le curé Largis.
Aussi combien voit-on de dames,
Voulant qu'il dirige leurs âmes,
Cajoler souvent leurs maris
Pour avoir le curé Largis (*bis*) !

L'auteur est inconnu.

P. 194. L'épigramme *Au verso du susdit Frontispice*, signée J. J., est de M. Jules Janin.

—

Même page. Un de nos amis a retrouvé les *Vers affichés dans les lieux de George Sand, à Nohant*, placardés, par admiration et par respect pour le génie de cet écrivain, dans les latrines de M. de Vasson, président du tribunal de Napoléon-Vendée.

A peine en croyons-nous ses yeux.

—

P. 195 et suivantes. La chanson *Il faut avoir du poil au cul*, de M. Auguste Lefranc, ce descendant de Lefranc de Pompignan, à qui était réservée l'invention du vaudeville en argot, a été retorquée par M. Balathier, dit de Bragelonne, dans des strophes brûlantes dont il s'obstine à ne pas se souvenir. Un ami intervint, et opéra un rapprochement entre M. Lefranc et M. Balathier, au moyen d'un couplet dont le dernier vers, auquel nous adhérons, exprime que mieux vaut :

  Un cul sans poil, qu'un poil sans cul!

—

P. 215. Les deux derniers couplets de la chanson de Nadaud, *les Reines de Mabille*, ont été oubliés :

> Pardon, pardon, Louise-la-balocheuse,
> Je t'oubliais, toi, tes trente printemps,
> Ton nez hardi, ta bouche aventureuse,
> Et tes amis plus nombreux que tes dents !
>
> Pince avec agrément
> Ce sublime cancan
> Dont l'élan infernal
> Fait frissonner jusqu'au municipal !

> Va, ne crains rien de l'austère police,
> Sache braver la morale en pompons.
> L'étudiant est là, jeune milice,
> Qui craint Clichy plus que le violon!
>
> Sans reproche et sans peur,
> Viens embrasser l'auteur,
> Et puissent ces couplets
> Longtemps survivre à tes défunts attraits!

P. 228. M. de Lamartine, dans *le Figaro* du 20 novembre 1862, a confirmé la vérité de l'anecdote de M. Gustave Nadaud invité chez la princesse Mathilde, en repoussant la paternité de l'épigramme signée, dérisoirement, dans le *Parnasse satyrique* : Alphonse Coquenard!

L'éditeur a expliqué ce pseudonyme de M. de Lamartine dans l'*Errata* au tome premier du recueil, imprimé seulement pour les exemplaires sur papier vergé :

« En mars 1848, tel était l'amour du peuple de Paris pour M. de Lamartine, qu'il ne voulait plus l'appeler que par son petit nom d'Alphonse. C'est pourquoi, il le dépouilla de son nom de famille, et offrit ce nom à la rue Coquenard, qui l'accepta.

« Ce que voyant, les farceurs indignés prirent son nom à la rue Coquenard, et contraignirent M. de Lamartine à s'en parer, quoi qu'il pût dire pour se défendre de le faire.

« C'était de bonne guerre.

« Et depuis lors l'amant d'Elvire n'a plus été connu que sous le nom de Coquenard, qui inspire la révérence. »

TOME SECOND

P. 1-18. Pièces de M. Théodore de Banville, à figurer, de toute nécessité, dans une édition définitive des *Odes funambulesques*, ce livre d'une fantaisie lyrique et d'une gaîté cérébrale qui vont jusqu'au transport. Il faudra illustrer cette troisième édition de révélations et de commentaires. Songeons-y!

L'ode funambulesque *la Pauvreté de Rothschild*, a été retorquée sous la signature : *Baron James de Rothschild*, par M. Le Josne, capitaine dans l'armée française et poëte, connu par une fantaisie sur Dumollard, dont un vers, à ne pas jeter dans la *Bouche de Bronze*, est resté quasi célèbre. Pas un mot de plus!

A M. THEODORE DE BANVILLE

Nos plaisirs ne sont pas, monsieur, de même essence,
  Quant à mon capital,
Vous avez eu le tort, prince de la cadence,
  D'en doubler le total.

Les drôlesses qu'on voit, belles d'outrecuidance,
  Vous éblouir au bal,
Affichent, carrément, pour les gens de finance,
  Un goût très-immoral.

Ces cocottes de lys, aux yeux de violettes,
  Dédaignent vos talents;
A Chantilly, leurs mains mignonnes et fluettes
  Froissent nos gilets blancs.

Et vous séchez sur place, et tant que le Hanôvre,
  Hélas! vous tient rigueur,
Frisette vous condamne, ô grand poëte pauvre,
  A des jeûnes de cœur.

Je n'ai pas vu Lagny, mais je connais Ferrières,
  Un assez joli bien;
Parfois, le soleil jaune en dore les clairières,
  Sans qu'il m'en coûte rien.

Peut-être aurais-je dû céder mes manches vertes
A mon premier commis;
Mais la maison ne peut s'exposer à des pertes,
Comme un marchand d'habits.

Lorsque vous siropez quelque boisson malsaine,
Vers cinq heures du soir,
Devant le café Riche où ce n'est pas sans peine
Qu'on parvient à s'asseoir,

Moi, qui crains les poisons que l'absinthe renferme,
Dont l'usage abrutit,
Après avoir vendu mille Mobilier, ferme,
J'ai meilleur appétit.

Ce n'est pas chez Bignon que Monselet s'empiffre.
Client de Dinochau,
Pour un écu par tête, il dîne, comme un fifre,
De deux culs d'artichaut.

Ah! Banville! il n'est pas si facile de vivre.
Demain, venez chez moi :
Là, je vous montrerai, compulsant mon grand-livre,
Lequel des deux est roi,

Du poëte râpé que la misère englobe,
Le nez sur un bouquin,
Ou bien du financier tenant en main le globe,
Comme fit Charles-Quint.

Entre nous, cet argent du Hanôvre est un conte.
— Plein de compassion,
Je vous ouvre un crédit : nous retiendrons l'escompte
Et la commission.

Nous nous contenterons de quatre signatures,
D'un dépôt de valeurs,
Le tout mis, à nos frais, sous de triples serrures,
A l'abri des voleurs.

Riche alors, vous irez tenter la créature,
En beaux souliers vernis,
Et vous régalerez d'air, de bleu, de friture
Montjoye à Saint-Denis.

Baron JAMES DE ROTHSCHILD.

Pouah! pouah! *Non olet...*

M. Théodore de Banville a eu longtemps comme intendant un véritable ami, M. Edmond Albert, éditeur non-seulement en chambre, mais en placard, qu'il a fini par céder à M. Alphonse Karr, tant l'expression *faire commerce d'amitié* est peu métaphorique ! — mais il a gardé son image et l'a ornée de ce distique :

Tel fut ALBERT! que rien ne saurait avachir.
Traitement peut se suivre en secret. — Affranchir.

—

P. 18-29. Un éditeur indiscret a publié l'année dernière, à l'étranger, sous ce titre : *les Épaves de Charles Baudelaire*, les six pièces condamnées dans l'édition des *Fleurs du Mal* de 1857, et dix-huit autres pièces de ce poëte, — sans intérêt direct pour les magistrats non français.

—

P. 32. E. D'H., M. Ernest d'Hervilly.

—

P. 33. Signature J. B., M. Jules Barbey d'Aurevilly. — Eh! qu'importe!

—

P. 34. Signature A. P., M. Adolphe Perreau, auteur des *Anges noirs*. Bon pour Vapereau.

—

Même page. La pièce *l'Eau de Vie* est extraite du petit volume de vers, sans titre, de M. Barbey d'Aurevilly, imprimé à Caen, en 1854. Elle y est intitulée : *la Maîtresse rousse*, et se termine par ces trois strophes que l'éditeur du *Parnasse* a peut-être eu raison d'oublier :

X

Un soir, je la buvais, cette larme, en silence...
Et, replongeant ma lèvre entre tes lèvres d'or,
Je venais de reprendre, ô ma sombre démence!
L'Ironie, et l'ivresse, et du courage encor!
L'Esprit, — l'Aigle vengeur qui plane sur la vie,
Revenait à ma lèvre, à son sanglant perchoir...
J'allais recommencer mes accès de folie,
Et rire de nouveau du rire qui défie!...
    Quand une femme, en corset noir...

XI

Une femme, je crus que c'était une femme,
Mais depuis... ah! j'ai vu combien je me trompais!
Et que c'était un Ange! et que c'était une Ame
De rafraîchissement, de lumière et de paix!
Au milieu de nous tous, charmante Solitaire,
Elle avait les yeux pleins de toutes les pitiés.
Elle prit ses gants blancs et les mit dans mon verre,
Et me dit, en riant, de sa voix douce et claire :
    « Je ne veux plus que vous buviez. »

XII

Et ce simple mot là décida de ma vie,
Et fut le coup de Dieu, qui changea mon destin!
Et quand elle le dit, sûre d'être obéie,
Sa main vint chastement s'appuyer sur ma main!
Et depuis ce temps-là, j'allai chercher l'ivresse
Ailleurs que dans la coupe où bouillait ton poison,
Sorcière abandonnée! ô ma Rousse maîtresse!!!
Bel exemple de plus, que Dieu, dans sa sagesse,
    Mit l'Ange à côté du Démon!

De la page 37 à la page 50, pièces de M. Charles Monselet, escortées d'un sonnet et d'épigrammes à sa gloire.

Onc ne vit-on poëte plus enguirlandé! Il l'est plus que Julie de Montausier.

Nonobstant, M. Albert Glatigny demande à ajouter un myrte de gendarmerie à ces roses, ces melons, ces saucissons et ces lys. Cela se chante sur la musique de M. Charles Delioux pour les triolets :

> O Vénus! voici Monselet!
> Chantons des actions de grâces!
> Ecrivain que Lhomond célait,
> O Vénus! voici Monselet!
> Pour lui l'amour amoncelait
> Les plus tendres baisers des Grâces!
> O Vénus! voici Monselet!
> Chantons des actions de grâces!

Jadis, M. Monselet eut une rencontre, au pistolet, avec M. Emile Augier.

Après avoir essuyé le feu de son adversaire, se tournant vers ses témoins, il leur dit avec tranquillité : Tirerai-je, *testiculi?* Or, M. Monselet est myope.

Naguère, M. Monselet se battit à l'épée avec M. Théodore Barrière, dramaturge ardent, qui le toucha à l'index de la main droite.

Ce doigt agitateur en garda une immobilité de huit jours, qui lui parurent un siècle. — Or, M. Monselet ne peut se fendre, sans aucun prétexte.

C'est pourquoi on ne s'étonnera pas que, seul dans la presse parisienne, M. Monselet ait eu le courage de parler de la publication du *Parnasse satyrique*. Les préliminaires de son article à ce propos, publié dans la *Vie parisienne* du 4 juin 1864, sont remarquables par une érudition de bon aloi, et une absence complète d'hypocrisie :

SOUS LE MANTEAU

« On a, de tout temps, publié et colporté des livres *sous le manteau*, romans érotiques, mémoires indiscrets, pamphlets à outrance. Souvent quelques-uns de ces ouvrages s'imprimaient à la barbe du gouvernement français, malgré l'indication d'Amsterdam, de Genève ou de Constantinople, apposée sur le titre. Longue est la liste des auteurs et des éditeurs qui ont tâté de la Bastille pour méfait de littérature clandestine. Un de ces derniers, le libraire Cazin, qui a attaché son nom à une mignonne collection, mérita plusieurs fois d'être enfermé. « Sa philosophie était grande à

ce sujet, raconte un de ses biographes; il avait toujours
prête une petite valise qu'il appelait plaisamment sa valise
de voyage, et qui était destinée à l'accompagner dans ses
pérégrinations forcées, et heureusement de courte durée,
au château-fort du faubourg Saint-Antoine. Le soin de
cette valise était particulièrement confié à la plus jeune des
filles de Cazin. Lorsque les exempts se présentaient en
exhibant leur mandat : « Bonjour, messieurs, leur disait
l'impassible libraire; nous allons déjeuner. Henriette, va
dire que l'on serve; puis, tu prépareras la valise. » Après
avoir déjeuné avec une parfaite sérénité, Cazin embrassait
sa femme et ses enfants, serrait la main à ses commis, auxquels il donnait ses instructions pour diriger la maison
pendant son absence, et partait tranquillement pour la Bastille. Il n'y avait pas, du reste, grand profit à le mettre en
prison; il en sortait toujours avec de nouveaux projets
d'impression et des combinaisons plus habiles pour échapper aux limiers du pouvoir (1).

« Mais c'est surtout par les presses de l'étranger que nous
arrivent les ouvrages en question. On se rappelle que Beau-
marchais fut envoyé en mission à Londres pour y racheter
l'édition tout entière des *Anecdotes secrètes de la com-
tesse du Barry*. De nos jours, l'Etat prend moins de souci
des libelles, et il a raison; il leur enlève, par son indiffé-
rence, la moitié de leur saveur. Sa tolérance couvre pareil-
lement les ventes des bibliothèques importantes, où se
glissent, il faut bien l'avouer, un assez grand nombre de
livres prohibés; mais la morale publique n'en reçoit aucune
atteinte; il est reconnu que ces ventes se passent entre
bibliophiles, et que ces livres, garantis d'ailleurs par leur
prix élevé, ne sortent d'une armoire que pour entrer dans
une autre. C'est ainsi qu'on voit paraître de temps en temps
les *Mémoires de Casanova*. Naturellement, il y a des
degrés dans cette littérature spéciale, et tout n'est pas

---

(1) *Cazin, sa vie et ses éditions*, par un Cazinophile. Cazinopolis.
(Reims); 1863.

également condamnable dans ce qui se publie *sous le manteau*.

« Me voyez-vous venir? Je voudrais demander grâce pour un ouvrage que je ne nommerai pas, paru tout récemment, imprimé je ne sais où (car personne ne prendra au sérieux cette indication : *Rome, à l'enseigne des sept péchés capitaux*), tiré sur papier d'amateur, avec titre rouge et frontispice gravé, un volume, ou plutôt deux volumes, qui se sont abattus sur Paris, et qui y font, depuis quinze jours, un tapage de tous les diables. Rassurez-vous, il ne s'agit que d'un scandale poétique. C'est un recueil de vers badins, indiscrets, satyriques, glanés chez la plupart des auteurs contemporains. Tout ce qu'ils n'ont pas voulu faire entrer dans leurs œuvres, ou tout ce qui ne pouvait convenablement y entrer, un ami mystérieux, ou peut-être un ennemi, l'a soigneusement ramassé derrière eux. Là se retrouve, à sa date et quelquefois avec des notes explicatives, la chanson improvisée après boire, la parodie essayée à huis-clos, l'églogue hardie murmurée à l'oreille, le poëme égrillard griffonné à la suite d'une gageure imprudente, la charge d'atelier composée par un cercle d'intimes, le sonnet écrit sur les genoux d'une hétaïre, le triolet licencieux qu'on croyait oublié depuis des années, l'épigramme crachée en une heure de colère et qu'on voudrait racheter à tout prix ; — jusqu'au distique qu'on avait jeté à la mer, et que ce livre vous rapporte, comme le poisson du tyran de Samos.

« Tout le monde est un peu compromis là-dedans, les plus illustres et les plus obscurs, car tout le monde a eu dans sa vie un moment de délire. Je sais quelques gens qui se fâcheront pour tout de bon de cette lumière répandue tout à coup sur les péchés de jeunesse, péchés plus ou moins mignons ; ils croiront voir déjà les portes de l'Académie se fermer devant eux comme devant l'auteur de *la Métromanie*. D'autres se tairont, ce seront les plus sensés. Je suis loin de défendre ces sortes de publications ; — mais que voulez-vous? une fois qu'elles sont parues, il faut bien leur faire une place dans les bibliothèques; elles complètent la physionomie d'une époque, comme le *Cabinet satyrique* et le *Recueil de Maurepas*. A ce titre et à quelques autres encore, qui font de l'indiscrétion une qualité chez les nouvellistes, j'essaierai de donner une idée de ces deux volumes croustilleux. Cela sera moins difficile qu'on ne le croit. »

Suit une analyse louvoyée.

L'auteur rentre au port en déclarant que la mer est belle et l'éditeur clément.

—

P. 51. Le *Monselet gourmand*, signé M., est de M. Poulet-Malassis.

—

P. 52. Le *Monselet paillard*, signé C. A., est de M. Charles Asselineau.

—

P. 65-67. M. Gandon, ayant hérité en 1862, ses amis avaient conçu l'espoir de le voir renoncer à la littérature. M. Pothey, toujours sincère, s'était fait l'interprète de ce sentiment dans les vers suivants :

> Aux *Souvenirs d'un vieux chasseur d'Afrique*
> Ont succédé *les Duels de Jean Gigon*;
> *Le Grand Godard* emboucha la pratique
> Et *Philibert* joua du mirliton.
> Mais quand s'ouvrit le sac de l'Espérance,
> Mars et la Muse ont fui devant Plutus...
> Il est encor de beaux jours pour la France,
> Car désormais Gandon n'écrira plus!

Nonobstant, M. Gandon avait continué d'écrire, et ce fut en pleine encre que la Camarde le surprit (novembre 1863).

—

P. 76-81. Les pièces *Fouterie de poëte*, *Effets de Prin-*

temps, *Si J. Cayla devenait Pape*, signées A. D. ou Id., sont de M. Alfred Delvau. (Voir la note de la page 119.)

—

P. 100. *Le Maître italien* est un conte de Patrat père, imprimé, entr'autres recueils, dans les *Contes théologiques*, éd. in-8º de 1783, p. 226. On ne s'explique sa réimpression dans le *Parnasse* que par un abus de l'innocence de l'éditeur.

—

P. 102-108. *L'amour aux Champs, les Souvenirs, le Con*, signés D. L. F. ou Id., sont de M. Albert de la Fizelière, mais :

Il n'avait que deux ans quand ça lui arriva !

—

P. 111. *L'Abbé La Bedollière.* Dans un banquet donné par la presse d'Angoulême à M. La Bedollière, plusieurs chansons à la gloire de ce polygraphe furent chantées, dont une, en trois couplets, de la façon de M. Castaigne, bibliothécaire de la ville.

M. La Bedollière a refait cette chanson sur l'air *Bon bon de la Bretonnière*; c'est pourquoi elle porte son nom, de préférence à celui de M. Castaigne.

On n'est jamais si bien chanté que par soi-même.

—

P. 127-136. L'auteur du joli conte *le Morpion pèlerin*, est un créole, M. Baïssas, de l'île Maurice.

—

P. 136. *La Brasserie des Martyrs*, signée E des E.,

est de M. Emmanuel des Essarts, de même que la pièce suivante : *Catulle Mendès en prison.*

M. Mendès avait été condamné, en 1861, à un mois de prison, pour une comédie intitulée *le Roman d'une Nuit*, publiée dans la *Revue fantaisiste* du 15 mai de cette année-là.

Impossible, en lisant sa comédie, de comprendre la condamnation de M. Mendès! mais il fréquentait alors dans le quartier latin. — Peut-être ce jeune homme impérieux aura-t-il été considéré comme le chef et l'âme de la grande société secrète des Fantaisistes?

—

P. 140. *Le quatrain pour le portrait de monsieur Emmanuel des Essarts*, n'est pas de M. Mendès, mais de M. des Essarts père.

—

P. 140-141. Les pièces *à Louise Callipyge* et *à la femme qui m'a préféré un vieillard*, sont d'un de nos plus pédants jeunes professeurs, lequel est sur le point de contracter un très-riche mariage, par la protection de M. Duruy.

Nous n'aurons pas la cruauté de mêler l'absinthe au miel de sa lune, si l'on peut dire.

—

P. 148-151. L'auteur des trois pièces *le Café belge*, *Sirènes*, *le Décalogue de Moustache*, se nomme Baudouin.

Le journal *le Gnafron*, de Lyon, a publié *le Décalogue de la Cocotte lyonnaise*, à l'imitation de celui de mademoiselle Moustache :

DÉCALOGUE DE LA COCOTTE LYONNAISE

Quand un amant tu choisiras,
Qu'il soit *calé* suffisamment.

Les calicots éviteras,
Car ils payent trop chichement.

A l'officier préféreras
Le pékin, naturablement.

Pour compagne tu ne prendras
Qu'une laide exclusivement.

A Bellecour ne lorgneras
Que les financiers seulement.

Chaque dimanche achèteras
Le Gnafron très-assidûment.

Des fausses dents tu porteras
Et des faux cheveux mêmement.

Ta robe ne retrousseras
Que si tu as des bas bien blancs.

Chez *ma tante* ne porteras
Tes bijoux qu'au dernier moment.

MORALE DE L'AUTEUR

A cinquante ans épouseras
Un cornichon finalement.

A soixante ans tu pleureras
Tes vieux péchés dévotement.

P. 153. *Le Plongeur*, signé E.-H., M. Emile Hémery.

P. 154. *Le Baptême de Léon.*

On lisait dans les journaux du mois de mars dernier :

« Quoique le carême ait succédé au carnaval, le retentissement des dernières fêtes n'est point éteint. On parle beaucoup, notamment, de la soirée donnée par le général Fleury. Des fêtes intimes ont aussi été données, en cette année de *plaisirs universels*... devinez par qui? Par les révérends pères jésuites, qui ont sacrifié à la gaieté profane ! Berthelier, avec ses chansonnettes, a dit le *Baptême du petit ébéniste* avec un succès fou. Le Père Félix lui-même applaudissait de la meilleure grâce du monde. »

M. Emile Durandeau étant devenu membre gaudriolant de la Compagnie de Jésus, ce n'est pas une place que nous lui faisons dans cet *Appendice*, mais une niche.

Pourtant, il est difficile de s'imaginer voué au combat de *cinq contre un*, un homme gratifié d'un exemplaire des *Chercheurs d'amour*, avec cet envoi :

> O *Chercheurs d'amour !* Durandeau
> Doit vous emmener à Cythère !
> Il vous prendra sur son radeau,
> O *Chercheurs d'amour !* Durandeau.
> Pour trouver un Eldorado,
> Suivez cet ancien militaire !
> O *Chercheurs d'amour !* Durandeau
> Doit vous emmener à Cythère !
>
> PHILOXÈNE BOYER (1856).

—

P. 156. *Durandeau, ancien zouave.* Ce triolet est de M. Poulet-Malassis.

—

P. 162. M. Charles Bataille, carrier, a doté la chanson *Ah ! y-en a*, d'un couplet patriotique final :

> Y n'ont pas été truffards,
> Car le drapeau tricolore
> N'veut pas, sous ses étendards,
> Des fumiers qui l'déshonorent !

—

P. 179 et 180, les pièces : *Pour nous la Parque filerait* et *Quatrain à mademoiselle X...*, sont de M. Brugnière du Cayla, déjà nommé.

Il est mort, et oublié, quoiqu'auteur de la table analytique de la dernière édition de Monteil.

P. 198. La pièce Cinque francs! est une épître confidentielle de M. Albert Glatigny à M. Armand Gouzien, musicien de présent et d'avenir. Au lieu d'arriver à ce virtuose le jour de la Saint-Nicolas, ce fut le jour de la Saint-Alipentin qu'il la reçut !

De là sa publication dans le *Figaro*, — et dans le *Parnasse satyrique*.

Nous avons relevé sur l'autographe la première strophe supprimée :

Hélas ! musicien mon ami, que la vie
A de tristes moments !
Et comme on trouve peu la chimère suivie
Dans les départements !

—

P. 201. *Les deux Malitourne*, attribués à M. Charles Asselineau (Ch. A.), font partie d'une série de triolets sur la rédaction de l'*Athenæum* français (1852-1856), que voici :

Bourquelot, Lalanne et Bordier
Sont la fine fleur de l'Ecole ;
Tout savant doit étudier
Bourquelot, Lalanne et Bordier.
Lalanne est un rude écuyer,
Mais parfois Bordier caracole.
Bourquelot, Lalanne et Bordier
Sont la fine fleur de l'Ecole.

Enault, Lemer et Dufaï
Se sont repassé la férule.
Quel journal n'ont point envahi
Enault, Lemer et Dufaï !
Il n'est pas un seul drap de lit
Où ce beau trio ne pullule.
Enault, Lemer et Dufaï
Se sont repassé la férule.

Si Lemer est le plus coquet,
C'est qu'il travaille dans les modes ;
Enault jappe comme un roquet,
Si Lemer est le plus coquet

Parlant de tout, en perroquet,
Il ira jusqu'aux antipodes.
Si Lemer est le plus coquet,
C'est qu'il travaille dans les modes.

Quel journal n'est point embrené,
O Dufaï! par tes articles!
Depuis que ton encre a tourné,
Quel journal n'est point embrené?
Il vaut mieux prendre un pince-né,
Pour te lire, que des besicles.
Quel journal n'est point embrené,
O Dufaï! par tes articles!

Que Léon Feugère a d'appas,
Parlant et d'Estienne et d'Homère!
A travers son galimathias,
Que Léon Feugère a d'appas!
Il est si savant qu'il n'a pas
Le temps d'apprendre la grammaire.
Que Léon Feugère a d'appas,
Parlant et d'Estienne et d'Homère!

FIN DE L'APPENDICE.

TABLE

DES NOMS DE CONTEMPORAINS CITÉS DANS LE NOUVEAU PARNASSE SATYRIQUE ET DANS L'APPENDICE AU PARNASSE SATYRIQUE DU XIXe SIECLE.

A

About (Edmond), p. 218.
Albert (Edmond), p. 248.
Ampère, p. 79.
Anaïs (mademois.), p. 241.
Asseline, p. 63.
Asselineau (Ch.), p. 253, 258.
Augier (Emile), p. 250.
Avond, p. 64.

B

Baïssas, p. 254.
Balathier de Bragelonne, p. 244.
Banville (Théodore de), p. 69, 89, 103, 122, 123, 149, 232, 239, 242, 246, 247, 248.
Baptiste, p. 154.
Barbey d'Aurevilly, p. 95, 98, 248.
Barbier (Auguste), p. 79, 232, 236, 237.
Barrière (Théod.), p. 250.
Barthélemy (A.-M.), p. 159, 232.
Bataille (Charles), p. 103, 121, 257.
Baudelaire (Ch.), p. 88, 89, 232, 239, 248.
Baudouin, p. 255.
Beauvoir (Roger de), p. 62, 63, 64, 65, 66, 67, 232, 241.
Benjamin, p. 72.
Béranger (de), p. 183, 232.
Berthelier, p. 256.
Berthet (Elie), p. 149.

Biéville (de), p. 147.
Bignon, p. 247.
Bing, p. 198.
Bocage, p. 148.
Boitel (L.), p. 237.
Bonnaire, p. 80.
Bonneville, p. 170, 173.
Bordier, p. 258.
Bouisson (Justin), p. 209.
Bourquelot, p. 258.
Bovie (Félix), p. 52, 54, 57, 59, 236.
Boyer (Philoxène), p. 257.
Briollet (Hippol.), p. 228.
Brohan (Madelaine), p. 65.
Brugnière du Cayla, p. 242, 257.
Buloz, p. 78.
Byron, p. 75.

C

Calonne (Ern. de), p. 233.
Calonne (Fabius de), p. 233.
Cambronne, p. 75.
Cantel (Henri), p. 117.
Castaigne, p. 254.
Catalani, p. 15.
Cayla (J.), p. 254.
Champfleury, p. 161.

Chanu, p. 10, 25, 27.
Charpentier, p. 80.
Châtillon (Aug. de), p. 76.
Cherubini, p. 64.
Chevigné (comte de), p. 85, 86.
Chilly, p. 150.
Chipau, p. 154.
Choux (Jules), p. 178, 181, 183, 184, 185, 187.
Choux (Léon), p. 193, 194, 195, 196, 242.
Clairville, p. 208.
Clicquot (veuve), p. 85.
Constant, p. 63, 64.
Courbet, p. 161.
Court, p. 161.
Cullerier (docteur), p. 159

D

Darimon, p. 227.
Debraux (Emile), p. 5, 8, 10, 13.
Deburau, p. 242.
Decourcelle (Adrien), p. 158.
Decourcy (F¹), p. 10, 62.
Delioux (Charles), p. 249.
Delvau (Alfred), p. 101, 124, 150.

Dennery, p. 63, 64.
Dentu, p. 150.
Deschamps (Em.), p. 232, 237.
Desgrange (madame), p. 63, 64.
Desjardins, p. 155.
Desnoyers (Fernand), p. 111, 113, 114.
Destrem, p. 170, 172.
Dinochau, p. 145, 247.
Doche (madame), p. 242.
Domier, p. 33.
Doze (mademois.), p. 62, 241.
Drouineau (Gust.), p. 77.
Ducret (Etienne), p. 187, 189.
Dufaï (Alexandre), p. 258, 259.
Duflot (Joachim), p. 241.
Dumas (Alex.), p. 61, 148, 150.
Dumas fils (Alex.), p. 226.
Dumoulin-Darcy, p. 151, 152.
Dupaty, p. 170.
Dupeyrat, p. 170.
Dupin l'aîné, p. 159, 160.
Dupré-Lassalle, p. 170.
Duprez, p. 226, 227.

Durandeau (Em.), p. 256, 257.
Duret, p. 64.
Duruy, p. 233, 255.

E

Empis, p. 209.
Enault (Louis), p. 258.
Essarts (Alfr. des), p. 255.
Essarts (Emmanuel des), p. 255.

F

Favre (Jules), p. 209.
Félix, p. 208.
Félix (le Père), p. 256.
Festeau (Louis), p. 40, 42, 44, 46, 48.
Feuchères (madame de), p. 234.
Feugère (Léon), p. 259.
Fiorentino (Pier Angelo), p. 195.
Fizelière (Albert de la), p. 254.
Flan (Alexandre), p. 160.
Fleury (général), p. 256.
Fontallard (Cam.), p. 150, 151.

Fournier, p. 37.
Fournier, p. 79.
Fournier (Marc), p. 150.
Froidefond, p. 170, 173.

G

Gaiffe, p. 63.
Galimard, p. 65.
Galli, p. 15.
Gandon (Antoine), p. 253.
Garien, p. 29, 31.
Garnier, p. 236.
Gautier (Théophile), p. 82, 238.
Georges (mademoiselle), p. 71, 241.
Gerdès, p. 78.
Girard (Francis), p. 63.
Girardin (Emile de), p. 68, 143, 148, 226.
Gislain de Bontin, p. 170, 172.
Glais-Bizoin, p. 145.
Glatigny (Albert), p. 98, 118, 119, 121, 122, 123, 146, 249, 258.
Gondrecourt (de), p. 149.
Gouzien (Armand), p. 258.
Gozlan (Léon), p. 69, 70.
Granier-Cassagnac, p. 209,

Grisi (Giulia), p. 239.
Gros, p. 79.
Guérin (docteur), p. 154.

H

Hachin, p. 10, 20, 22, 25.
Haton, p. 170, 173.
Hémery (Emile), p. 211, 256.
Herbelot (d'), p. 170, 172.
Herschell, p. 71.
Hervilly (Ern. d'), p. 148, 248.
Hugo (Victor), p. 71, 72, 74, 76, 208, 232, 237, 238.

J

Janin (Jules), p. 233, 236, 237, 244.
Jannet (Pierre), p. 240.
Joly (Auguste), p. 205.
Jourdain, p. 170, 173.
Jouvin (B.), p. 195.

K

Karr (Alphonse), p. 238, 248.

L

La Bédollière, p. 254.
Lachambaudie (Pierre), p. 70.
Lacordaire, p. 79.
Lacroix, p. 74, 76.
Laferrière, p. 241.
Lagier (madem.), p. 242.
La Landelle, p. 240.
Lalanne, p. 258.
Lamartine (Alphonse de), p. 144, 208, 238, 245.
Larchey (Lorédan), p. 124.
Larochelle, p. 122.
Leblanc (Mlle Léonide), p. 194.
Lefranc (Auguste), p. 244.
Le Josne (capit.), p. 246.
Lemer (Julien), p. 236, 258, 259.
Leroux (Pierre), p. 64.
Lespès (Leo), p. 102, 103.
Leverrier, p. 76.
Levy (Michel), p. 148.
Lireux, p. 68.
Lœwe, p. 78.
Louise-la-balocheuse, p. 244.
Louis XVIII, p. 232.
Lucas (Hippolyte), p. 233.
Lucas (madame Hippolyte), p. 90.

M

Mabille, p. 158.
Magnin, p. 79.
Mahalin (Paul), p. 195.
Mahiet de la Chèsneraye, p. 71.
Malitourne (les), p. 258.
Mallarmé, p. 146.
Maquet (Auguste), p. 149.
Marcillac, p. 35.
Martin, p. 183.
Mathieu (Gust.), p. 101.
Mathilde (princ.), p. 245.
Mendès (Catulle), p. 255.
Mérimée (Prosper), p. 72.
Méry, p. 67, 68.
Meurice (Paul), p. 89.
Millaud, p. 68.
Mirecourt (Jacquot de), p. 149, 208.
Mirès, p. 67, 68.
Moïse (mademois.), p. 242.
Molin (magistrat), p. 170, 173.
Molin (peintre), p. 122.
Monnier (Henri), p. 233.
Monselet (Charles), p. 98,

99, 100, 101, 232, 240, 247, 249, 250.
Monteil, p. 257.
Montjoye, p. 247.
Mortemart (de), p. 85.
Moustache (mademois.), p. 255.
Mullois (l'abbé), p. 240.
Murger (Henri), p. 124.
Musset (Alfred de), p. 10, 77, 78, 79, 80, 208, 232.
Musset (Paul de), p. 80.

N

Nadar, p. 150.
Nadaud (Gustave), p. 10, 232, 244, 245.
Napoléon Ier, p. 75.
Nerval (Gérard de), p. 239.
Nugent (comte de), p. 104.

O

Octave (madame), p. 98, 242.
Ozy (mademoiselle), p. 71, 241.

P

Pasquier (le chancelier), p. 104.
Pellegrini, p. 15.
Perreau (Adolphe), p. 248.
Perrot de Chézelle, p. 170, 173.
Picard, p. 154.
Planche (Gustave), p. 79.
Polignac (princesse de), p. 67.
Ponsard (François), p. 83, 84, 124, 144.
Ponson du Terrail, p. 149.
Pontmartin (comte de), p. 103.
Pothey (Alexandre), p. 75, 76, 143, 144, 145, 253.
Potvin, p. 227.
Poubelle, p. 214.
Poulet-Malassis, p. 242, 253, 257.
Pradel (E. de), p. 16, 18.
Prévost-Paradol, p. 225.
Privat d'Anglemont (Al.), p. 239, 240.
Protat, p. 232.
Proudhon, p. 238.
Pyat (Félix), p. 237.

Q

Quinet, p. 79.

R

Rachel (madem.), p. 241.
Ravenel, p. 87.
Regnier (Philoclès), p. 66.
Riche, p. 247.
Rolland (Amédée), p. 106, 108.
Romey (Charles), p. 233, 234.
Roqueplan (Nest.), p. 242.
Rothschild (baron James de), p. 246, 247.
Roussel (Auguste), p. 167, 175, 176.
Rouvière, p. 148.

S

Sainte-Beuve, p. 79, 161.
Sand (George), p. 79, 244.
Sandeau (Jules), p. 237.
Sarcey de Suttières, p. 208.
Saunière (Paul), p. 207.
Schanne, p. 197.
Schneider (mademoiselle), p. 228.

Scholl (Aurélien), p. 139, 242.
Second (Albéric), p. 233.
Sergent (Elise), p. 239.
Simon (Henri), p. 233.
Siraudin (Paul), p. 228.
Solms (princesse de), p. 83.
Spontini, p. 15.
Stoltz (madame), p. 242.

T

Texier (Edmond), p. 238.
Thévenin, p. 170, 173.
Thiboust (Lamb.), p. 208.
Toirac (docteur), p. 234.
Troplong, p. 65.
Trouvé (baron), p. 232.
Turcas, p. 63, 64.

U

Uchard (Mario), p. 65.

V

Vacquerie (Aug.), p. 88, 89, 90, 95.
Vaëz (Gustave), p. 64.
Vallée (Oscar de), p. 170, 172.

Van Cleemputte, p. 233.
Vapereau, p. 64, 248.
Vasson (de), p. 244.
Vatout, p. 234, 235.
Vernet (Alfred), p. 157.
Veuillot, p. 174, 209.
Villemessant (Hippolyte de), p. 195.
Vinot, p. 202.

W

Walewski, p. 241.
Wœstyn, p. 242.

TABLE

L'éditeur aux poëtes de sa connaissance ; — Aux poëtes qu'il n'a pas le plaisir de connaître ; — Au lecteur.   I

LE NOUVEAU PARNASSE SATYRIQUE

La belle Main (EM. DEBRAUX).   1
Conseils à un Ami (ID.).   5
Ma Boutique (ID.).   6
Le Curé de Saint-Pierre (ID.).   8
La Grisette (ID.).   10
L'Enfer (E. DE PRADEL).   13
Les Polissons (ID.).   16
Javotte (EDOUARD HACHIN).   18
Ma Lison, ma Lisette (ID.).   20
Le Goût de Lison (EDOUARD HACHIN et CHANU).   22
Il faut souffrir pour le plaisir (CHANU).   25
Les Regrets (GARIEN).   27
La Fille intéressée (ID.).   29
Epithalame (DOMIER).   31
La Courtière (MARCILLAC).   33
Le Lumeron (FOURNIER).   35
Principes de Morale (LOUIS FESTEAU).   38
Les Suppositions (ID.).   40
La Buvette de Fanchette (ID.).   42
Le Mari susceptible (ID.).   44
Une Messaline (Lº FEST...).   46
Cours d'Agathopédie biblique (FELIX BOVIE).   48
Hymne au Cochon (ID.).   52
La Vertu (ID.).   54
Ma Disculpation (ID.).   58
La Grisette (F. DECOURCY).   59
Pigeons et Chapons (ROGER DE BEAUVOIR).   60

Le Bal masqué de ma Femme (ID.).	63
Impromptu à une Dame qui montait en voiture en compagnie de M. G. Vaëz (ID.).	64
Autre, devant une autre Léda que celle de Galimard (ID.).	65
Autre, M. Troplong, éleveur (ID.).	65
Autre, le nouveau Molière (ID.).	65
Autre, sur le carnet de dépenses d'Alexandre Dumas (ID.).	66
Autre, à propos du projet sur la taxe des voitures (ID.).	66
Envoi du Médaillon de la Camargo à M. Ph. Régnier (ID.).	66
Le Sang pour trois et le Trois pour cent (ID.).	67
Impromptu, après une nuit passée dans une auberge de Gênes (MERY).	67
Autre (ID.).	68
Le Sous-Lieutenant (LEON GOZLAN).	69
Le Bout de Viande (PIERRE LACHAMBAUDIE).	70
Une Fille raisonnable (MAHIET DE LA CHESNERAYE).	71
Elephantis Georges (V. HUGO).	71
A Mademoiselle Ozy (ID.).	71
A un inexorable Propriétaire d'Album (ID.).	72
Au bas d'un Portrait-charge de M. V. Hugo, par Benjamin (A.).	72
La Golgothe (ALEXANDRE BOTHEY).	74
Ce qu'il me faut (ALFRED DE MUSSET).	76
Buloz consterné (ID.).	78
La Mort, les Obsèques et l'Apparition du Capitaine Morpion (attribué à THEOPHILE GAUTIER).	80
Le Corset de Lucy (FRANCIS PONSARD).	83
La Quinzaine (COMTE DE CHEVIGNÉ).	85
L'Oncle et ses deux Nièces (ID.).	85
Epître (RAVENEL).	86
Les Promesses d'un Visage (CHARLES BAUDELAIRE).	87
Venus belga (ID.).	88
Sonnet (ID.).	89
Sur madame Hippolyte Lucas (AUGUSTE VACQUERIE).	90
Jersiaises (ID.).	90
A (JULES BARBEY D'AUREVILLY).	95
Au Coin du Feu (CHARLES MONSELET).	98
Ode au Saucisson d'Arles (ID.).	98
Le Sonnet de l'Asperge (ID.).	99
Réclame au Pavillon d'Armenonville (ID.).	100

TABLE

Au dessous d'un Portrait de Charles Monselet (GUSTAVE MATHIEU).	101
Charles Monselet (ALFRED DELVAU).	101
Voilà l'Rata (LÉO LESPÈS).	102
Distique pour le Portrait de Léo Lespès (TH. DE BANVILLE).	103
Au ci-devant comte de Pot-Martin (CH. BATAILLE).	103
Le Chancelier Crepitus (COMTE DE NUGENT).	104
Margot (AMÉDÉE ROLLAND).	104
La Gloire (ID.).	106
Le Dieu des Ivrognes (FERNAND DESNOYERS).	109
La Tétonnière (ID.).	111
A l'heure où se ferment les brasseries (ID.).	113
Fernand Desnoyers passant le Mont Saint-Bernard (ID.).	114
Le Bouchon et la Bouteille (HENRI CANTEL).	114
Portraits-Cartes (ALBERT GLATIGNY).	117
Mai (ID.).	118
Au vieux que j'ai fait cocu (ID.).	119
Envoi du livre les *Vignes Folles*, à Ch. Bataille (ID.).	121
Au dessous d'un Portrait d'Albert Glatigny, par Molin (TH. DE BANVILLE).	122
Du même au même (ID.).	123
Au dessous de mon Portrait (A. GLATIGNY).	123
Le paranymphe des mots dits orduriers (A. DELVAU).	123
Denise (AURÉLIEN SCHOLL).	124
La mère Godichon (ALEXANDRE POTHEY).	139
Les *Deux Sœurs* (ID.).	143
Pothey (A. GLATIGNY).	144
Les Lèvres roses (S. MALLARMÉ).	146
L'Amoureuse de Mallarmé (A. GLATIGNY).	146
Per amica silentia Lunæ (A.).	147
Lever de Lune (ERNEST D'HERVILLY).	147
Alexandre Dumas (CHARLES BRIERRE).	148
Fontallard (DUMOULIN-DARCY).	150
Le Chant du Départ (ID.).	151
Mariage de Convenances (A.).	152
La Chanson de l'Ourcine (A.).	153
Bulletin de la Grande Armée (ALFRED VERNET).	156
Lamentations d'un Morpion (ADRIEN DECOURCELLE).	157
L'Idylle du Bal Mabille (A.).	158

L'Aiguille (A.-M. Barthélemy).	159
A propos de la fulminade de M. Dupin contre le luxe des femmes (Id.).	159
Quatrain à ajouter à ceux de Pybrac (Dupin aîné).	160
Le Télégraphe aérien d c d (Alexandre Flan).	160
Le Réalisme (A.).	161
La Mort (Auguste Roussel).	162
A mes Juges (Id.).	167
Requête d'un Chantre de Saint-Médard (Id.).	175
J'voudrais être Chien (Jules Choux).	176
La plus fine (Id.).	178
Gouappeur bibon (Id.).	181
Toute une Histoire (Id.).	184
Le Chevalier de Nerciat (Id.).	185
La Fesse (Et. Ducret et Jules Choux).	185
L'Epine (Etienne Ducret).	187
Le p'tiot Quien (Léon Choux).	189
A un mari par calcul (Id.).	193
Demande (Id.).	194
Effet de Main (Id.).	194
Madrigal obsidional (Id.).	194
A Léonide Leblanc (Id.).	194
En lisant l'Ane, journal des Ebats (Id.).	195
Hippolyte ci-devant H. (Henri) de Villemessant, loup-garou (Id.).	195
Le Mac intempestif (Schanne).	196
Opinion désintéressée (Bing).	198
Le Cocu à la Course (A.).	198
Le Morceau (Vinot).	201
La Femme d'un Homme public (Auguste Jolly).	203
Parodie des Filles de Marbre (Paul Saunière).	205
L'Amour (Id.).	207
Les Sots (Justin Bouisson).	207
Rien n'est sacré pour un Bandeur (Emile Hemery).	210
Le Supplice des Bottes (A.).	211
Les Enculeurs de Caen (A.).	212
Marton (A.).	214
Parodie des Louis d'or, de Pierre Dupont (A.).	216
Minette (A.).	218
Le vieil Artilleur (A.).	219

Bertrand l'Pochard (A.).	221
Sur l'Album d'un Boursier (A.).	224
Effets de Pantomine (A.).	224
Sur les Duels de la Chambre (A.).	225
Sur un Plagiaire décoré (A.).	225
A une Auteuse (A.).	225
Election de M. Prévost-Paradol (A.).	225
Le Poëme de la vie oisive (A.).	226
A propos du *Supplice d'une Femme*, de M. Emile de Girardin (A.).	226
Autre (A.).	226
Décorés du 15 août 1865. — Duprez (A.).	226
Replique (A.).	227
Darimon (A.).	227
Sur la Cantate de M. Potvin (A.).	227
Schneider dans *Barbe-Bleue* (HIPPOLYTE BRIOLLET).	228
Colombine et *Pipe-en-Bois* (ID.).	228
Lamento (PAUL SIRAUDIN).	228

APPENDICE AU PARNASSE SATYRIQUE DU DIX-NEUVIEME SIECLE

ANONYMES ET PSEUDONYMES DÉVOILÉS, RECTIFICATIONS, ADJONCTIONS.

Tome premier.	232
Tome second.	246

www.ingramcontent.com/pod-product-compliance
Lightning Source LLC
Chambersburg PA
CBHW050655170426
43200CB00008B/1306